KB194918

보건교사 메시지

보건교사 메시지

나애정 지음

생각의빛

제1장 보건 업무도 비대면 소통이 대세다

제2장 메시지 글쓰기, 이제 보건 업무의 중요한 수단이다

제3장 보건 업무의 루틴 메시지 글

제4장 메시지 쓰기 역량을 키우는 법

제5장 만만한 메시지 쓰기로 학교 건강 수준을 높여라

제1장

보건 업무도 비대면 소통이 대세다

비대면 시대,
보건 업무는 어떻게 해야 하나?

욕망은 인간의 자연스러운 본능으로 이 욕망을 통해 더 많이 경험하게 되고 더 성장한다. '욕망'이란 단어가 부정적인 생각을 유발하는데, 사실은 이 '욕망' 때문에 우린 긍정적인 변화를 하게 된다. 그래서 더 많이 욕망해서 더 많이 이루는 시간을 스스로 갖기를 바란다고 모 작가는 강조했다. 나 또한 이 말에 깊이 공감한다.

코로나 팬데믹 상황 이후 사회는 많은 변화가 생겼다. 가장 큰 변화는 비대면의 시간이 많아졌고 그 시간에 더 익숙해져야 한다는 것이다. 직장에서도 예외는 아니다. 그전에는 직접 만남을 통해서 학교의 중요한 행사나 교육과정들에 대해서 상의하고 결과를 전달했었다. 어떤 상황이 발생하면 바쁜 일을 뒤로 하고 지정한 장소로 집합했었다. 하지만, 지금은 아니다. 웬만한 것은 대부분 학교 내 메시지 시스템을 통해서 소통한다. 그렇다 보니, 메시지를 주고받는 상황이 흔한 일상이 되었다. 나는 아침 출근하면 메시지부터 확인한다. 오늘은 어떤 특별한 학교 행사가 있는지? 급히 알아야 하는 소식은 없는지, 하루를 시작하는 즈음에 메시지 확인이 가장 궁금하고 중요하다. 메시지는 당일 업무에 그대로 활용하고 참고한다. 하지만, 비대면 소통이라면 얼굴 보지 않고 말이 아닌 글로 소통하는 것인데, 글 쓰는 것에 대한 애로점을 가지고 있다. 글쓰기가 만만하지 않다는 것이다. 휴대폰의 간단한 메시지 글은 어떻게든 쓰면서 그동안 살아왔다. 사실, 글로 쓰는 것이 어색하고 귀찮아서 전화를 한 경우가 많다. 하지만, 이제는 시대가 바뀌었다. 대세를 거스를 수는 없는 것이다. 나폴레온 힐이 말했듯이 능력은 욕망을 통해서 얻게 된다. 비대면 시대, "나도 글쓰기를 자유자재로 쓸 정도의 능력을 겸비하고 싶다. 나는 그렇게 될 거야. 그동안 글을 쓰지 않았기 때문에 서툴렀을 뿐이야. 어디 지금부터 글쓰기 실력을 키워보자."라는 욕망을 가져야 한다. 보건교사라면 이제, 글쓰기 실력을 갖춰야 할 시대인 것이다.

연말이 되면 마무리해야 할 대표적인 보건 업무는 각종 검사의 나이스 입력이다. 나이스 업무는 보건에만 해당하지 않는다. 12월이 되면 퇴근 시간이 지나도 늦게까지 학교의 전등불은 꺼지지 않는다. 생활기록부 입력을 하기 위해 초과근무를 하는 교사들이 많기 때문이다. 학생들에 대한 기록은 학생마다 각각 특성에 맞게 세세하게 글로 적어야 한다. 교사들은 해마다 이 작업을 하고 있다. 그럼으로써 다른 직군보다는 좀 더 글을 쓰는 기회가 많다고 볼 수 있다. 하지만, 해마다 하는 일이지만 글쓰기 작업이 어색하고 익숙하지 않고 어렵다고 한다. 보건교사도 담임교사에게 나이스에 입력하도록 권유해서 마무리해야 할 부분이 있다. 각종 검사를 제대로 입력했는지 확인하고 안내 메시지를 보내는 것이다.

〈학생 검사 결과 나이스 입력 안내〉

병원에서 실시한 1학년 건강검진 및 2, 3학년 각종 검사에 대한 나이스 입력 상태 확인해주시고 입력 누락 시 아래 사항 참고하여 입력 완료해주시길 바랍니다.
마감 시 입력 누락 칸이 하나라도 있으면 마감이 되지 않으니 잘 확인해주시길 바랄게요.

Ⅰ. 1학년

: 나이스-보건-항목별 등록 (일괄등록 가능)

1. 건강검진 : 검진일: 7.7, 검진 기관 : S 병원
2. 구강검진 : 검진일 :7.7, 검진 기관 : D 치과의원
3. 키, 몸무게 : PAPS에 먼저 입력한 후 보건-항목별 등록-신체 등록 탭에서 <PAPS 자료 불러오기> 탭 누르면 자동 입력됨.

Ⅱ. 2학년, 3학년

: 나이스-보건-항목별 등록-별도 검사(일괄등록 가능)

1. 소변검사 : 검진일 : 3.22, 검진 기관 : K 학교 보건협회
2. 결핵 검사 : 검진일 : 8.21. 검진 기관 : D 결핵협회
3. 시력검사 : 검진일 : 7.12. 검진 기관 : S고등학교
4. 키, 몸무게 : PAPS에 먼저 입력한 후 보건-항목별 등록-신체 등록 탭에서 <PAPS 자료 불러오기> 탭 누르면 자동 입력됨.
  · 신체 능력도 마찬가지로 <PAPS 자료 불러오기> 버튼 클릭, 자세한 문의는 담당 체육 교사에게 질문해주세요.
  · 문의: 119입니다.

나이스에 입력해야 할 내용을 정리하고 보니, 꽤 많은 검사를 한 해 동안 했다. 검사의 추진 주최는 보건교사이다. 검사들을 눈으로 확인하니, 감회가 새로우면서 한 해가 그냥 넘어가는 것이 아니란 생각이 든다. 우선, 1학년은 병원 출장 검진을 했다. 검사의 결과치는 나이스에 일일이 입력하지 않는다. 학생이 당일 결석이나 기타 사정으로 검진을 했는지를 입력한다. 당일, 병원 출장 검진 참석을 위해 결석하지 않도록 강조하지만 빠지는 경우가 있다. 이럴 때는 개인적으로 그 병원을 방문해서 검진해야 한다. 학생도 교사도 번거로운 일이기에 되도록 정해진 날에 검사하는 것이 좋다. 그렇게 1학년의 병원 검진 나이스 입력은 오히려 간단하다. 2, 3학년의 경우는 병원 출장이 아니라 검사별 해당 기관이 따로 있다. 대부분, 한 기관이 전 학교를 담당하는 경우가 많기에 검사 기관이 갑이 되어 예약한다. 각종 검사 직후, 나이스 입력까지 안내하는 것이 좋다. 이렇게 안내하면 시간 여유가 되는 담임교사는 바로 입력한다. 그 순간 놓치면 이것이 12월까지 잊고 지내다가 연말에 보건교사의 안내를 받고 다급하게 입력을 마무리하는 교사도 있다. 어찌하였든 1차, 2차로 나이스 입력하는 것이니 검사 후 나이스 입력 안내도 꼭 하는 것을 권한다.

학교 내 업무 관련해서 메시지 안내 글쓰기에 참고할 매뉴얼은 없다. 메시지 글은 보건교사의 개성과 역량을 그대로 드러낼 수 있는 영역이다. 그때그때 메시지 글을 쓰기도 하지만 고심해서 한 번에 신경 써서 만들어놓고 저장해두면 해마다 조금씩 수정해서 사용하면 된다. 이렇게 하면 안내 글에 대한 부담감이 줄어든다. 하지만, 이런 메시지 외에 갑작스럽게 일어나는 상황에 대한 상황전달 메시지 글은 즉각적으로 작성해야 하는데, 이런 글들이 어렵다. 답은 따로 없다. 한 가지 방법뿐이다. 평상시 스스로 글쓰기 능력을 키워야 한다는 것이다. 글쓰기는 사실, 직접 써야 성장한다. 누구나 말하듯이 글도 자유자재로 쓸 수 있다고 나는 생각한다. 다만, 연습이 부족하고 쓸 기회가 없었다. 그래서 글쓰기 자체를 그동안 너무 등한시했기 때문에 '나는 글쓰기 젬병이야.'라고 스스로 한계를 긋는다. 글쓰기를 위한 방법들은 많다. 글을 쓸 때, 가장 잘 안 되는 부분이, 짧게 쓰는 것이 아니라 너무 길게 문장을 쓴다는 것이다. 짧게 쓰는 것도 연습이 필요하다. 아무리 복잡한 내용도 짧게 쓰면 필력의 수준이 올라간다. 자신도 글의 내용이 정리가 잘된다. 단문 위주로 쓴다는 것을 기본으로 글쓰기에 관련된 지침은 다양하고 많다. 하나하나 머리 대신 몸으로 익힌다면 비대면 시대에 글쓰기로 소통하는 것은 그리 어렵지 않게 될 것이다.

비대면의 시대, 대면과 비대면의 혼합된 시대, 우리가 키워야 할 역량은 글쓰기다. 보건교사도 보건 업무를 할 때, 글을 많이 쓰기 때문에 글쓰기와 친해져야 한다. 다양한 상황들이 발생하는데, 우린 글로 소통해야 한다. 팬데믹 시대에도 대부분 글로 소통했다. 만날 수가 없기 때문이다. 될 수 있으면 대면 만남을 자제해야 하는 감염병 상황이었기에 유일하게 소통하는 방법은 글뿐이었다. 감염병 대응에 가장 필요한 예방 교육에서도 글쓰기는 강력한 무기였기에 글쓰기에 대한 고민을 더욱 많이 했다. 어떻게 하면 잘 전달하여 예방 교육을 통해서 행동의 변화까지 이끌 수 있을지 고민, 또 고민했다. 스스로 글쓰기에 대한 자괴감이 들 때도 있었다. 될 수 있으면 최소한의 안내 글을 보내려고 노력하기도 했다. 하지만 상황이 상황이니만큼, 피한다고 되는 것이 아니었다. 코로나19는 지나갔지만 앞으로 감염병은 주기적으로 찾아올 수 있다. 그리고 비대면의 장점을 인지했기에 여전히 대면과 비대면의 혼합된 문화가 정착될 것으로 보인다. 아니, 이미 정착되어 가고 있다. 보건교사는 이제 말보다는 글에 강한 직업군이 되어야 한다. 건강만큼, 생명만큼 중요한 일은 없다. 건강뿐 아니라 어쩌면 생명까지 영향을 미칠 수 있는 학교의 유일한 의료인 보건교사는 메시지 글쓰기에 자유로워져서 좀 더 체계적으로 학교의 건강을 유지, 증진해 나가야겠다.

교직원 성교육 연수도
온라인으로 가능한가?

'내가 교직원 성교육 담당자라고? 보건교사이지만 "성"이라면 나도 공부를 따로 더 해야 하는데, 어떻게 하면 좋을까?'

내가 학교의 성교육 담당자란 역할을 맡아야 한다고 들었을 때, 가장 먼저 떠오른 생각이었다. 학교에서 그래도 그나마 성교육이란 것과 가장 가까운 전공이 보건이라고 판단했을 것이다. 그래서 성 관련 공문을 보건교사가 처리하는 경우가 대부분이다. 하지만 엄밀히 말해서 '성'이란 영역은 세밀하게 교육을 따로 더 받아야 할 전문적인 영역이다. 간호사 세계에서도 자신의 전공이 따로 있다. 철저하게 더 깊이 공부하여야 그 영역의 담당자라고 할 수 있다. 의사들도 마찬가지이다. 모든 의료영역을 전천후로 다루지 않고 자신의 전공이 따로 있다. 그런 측면에서 보건교사도 "성"을 담당하려면 "성"을 좀 더 알고 공부해야 한다고 볼 수 있겠다. 보건교사 중에 여러 성교육 전문 기관을 통해서 자격연수를 받고 자격증을 취득해서 다른 학교 성교육 강사로 강의를 나가기도 한다. 교육을 받았기에 성교육이 가능한 것이다. 전문교육을 받지 않은 보건교사는 주로 전문 성교육 강사를 초빙해서 학생과 교직원을 대상으로 성교육을 실시한다. 이 방법이 교육대상자에게 더 내실 있고 효과적인 교육이 될 수 있다고 판단하기 때문이다.

코로나19 팬데믹 감염병이 도래하기 전에는 성교육 전문 강사를 초빙해서 직접 연수를 받을 수 있도록 했다. 성교육 전문 강사는 알고 보면 많다. 양성평등교육원에서 주로 교육을 받은 강사일 경우 그 사이트를 방문해서 성교육 강사를 확인할 수 있다. 하지만 소속과 관련 없이 일단 강의를 잘하는 사람을 수소문해서 강의 의뢰를 하게 된다. 가까운 학교의 보건교사 중에 〈양성 평등원〉 소속의 성교육 강사가 있어서 그 사람을 불러 교직원 교육을 한때도 있었다. 이때는 다른 일반강사와 똑같이 필요한 서류를 첨부하여 기안서를 결재 올려 강사비를 지급한다. 그 보건교사 입장에서는 학교의 보건교사 역할을 하면서 강의를 해야 하기에 빈도수를 조절하면서 자신의 역량을 발휘하고, 주변 학교에 강의한다. 외부 강사 초빙 성교육을 실시할 때 적절한 강사가 정해지면 강사비 기안하고 교육 당일 교직원을 의자와 각종, 강의 시설이 갖추어진 넓은 강당에 모이도록 하여 성교육을 한다. 강의 후, 등록부에 사인받아 전 교직원들이 성교육을 받았다는 자료를 남긴다. 성과 관련된 문제가 요즘 중요한 이슈이기 때문에 등록부를 따로 내부 결재해두어도 좋다. 교직원 대상 성교육은 보통, 온라인 강의와 함께, 대면 강의 1회를 권하고 있다. 하지만 코로나 19 비대면 상황에서는 이 연수를 어떻게 실시해야 하는지 난감했었다. 방법은 역시 한 가지밖에 없다. 온라인으로 성교육 강의를 듣도록 친절하게 안내하는 것이다. "성교육 연수"의 유용한 사이트를 안내하고 그 사이트에서 교육을 이수하도록 중간중간 메시지를 보내야 한다. 보건교사 입장에서 대면 강연처럼, 한 번에 끝나지 않고 여러 번 챙겨야 하는 불편함이 있지만, 메시지 하나로 업무 하나가 완성되니, 그렇게 어렵지는 않고 할만한 일이다.

〈4대 폭력 예방 의무연수 안내〉

안녕하세요?

의무 이수하셔야 할 4대 폭력 예방(성희롱, 가정폭력, 성매매, 성폭력) 온라인 연수 안내 드립니다.

- 사이트 : K 교육 연수원
- 연수 명 : (4대 폭력 예방_성희롱, 가정폭력, 성매매, 성폭력) 평등한 일상, 폭력 예방 교육
- 총 차시 : 5차시
- 대상 : 전 교직원

★ 완료 후 이수증 파일을 메신저로 보내주세요.~

★ 연말에 여성가족부에 이수 비율, 직책까지 상세히 보고하게 되어 있고, 실적 미달 시 부진기관으로 분류되어 감사를 받을 수 있으니, 해마다 같은 내용이지만 잘 이수하여 주시길 바랍니다.

★ URL 주소는 다음과 같습니다.

★ 지금 바로 연수 신청해보시길 바랍니다. 수고하세요

온라인 4대 폭력 예방 관련해서 내가 전 교직원에게 보낸 메시지이다. 의무적으로 받아야 할 연수가 바로 위의 4대 폭력 예방 교육이다. 즉, 성희롱, 가정폭력, 성매매, 성폭력에 관련된 연수를 각 1시간씩 받아야 한다. 법으로 정해진 법정 의무연수이다. 공인된 교육 기간에서 이 부분에 관련 연수 물을 만들어 사이트에 올

려 두었다. 5차시 정도의 시간인데, 학교에서 짬 시간을 활용해서 충분히 연수는 가능하다. 하지만, 학교 일이 바쁘기에 마음의 여유가 없어 이 연수를 놓치는 교직원들도 있다. 그래서 가끔 기억을 되새겨 주는 역할을 보건교사가 해야 한다. 보건교사 역시도 이 연수를 받아야 한다는 것은 당연하다.

연말에 학교 교직원의 성교육 이수율에 대해 보고한다. 그때를 위해 보건교사는 연수 후 이수증을 파일로 받아둔다. 보건실 컴퓨터 내 파일을 하나 만들어서 메신저를 통해서 수시로 보내주는 이수증 파일을 바로 내려받아 모아둔다. 이 작업을 1년 동안 한다고 생각해야 한다. 몹시 어렵지는 않다. 다만 챙겨야 할 시간이 길다는 것뿐이다. 일마다 특성이 있다. 이런 종류의 일은 잊지 않고 한 번씩 안내하고 서류를 챙기면 된다.

코로나 상황에서는 보통, 대면 1회 연수는 생략하고 온라인 연수로만 진행한다. 자연재해와 같은 위급한 상황에서는 그 위급한 상황을 먼저 대응하는 것이 순리이다. 평상시 의무적으로 해야 하는 일들도 급박한 재난 상황에서는 잠시 뒤로 미루어도 그것에 대해서 비난받지 않는다. 코로나19 팬데믹 상황이 그랬다. 코로나19 감염병으로부터 학교를 보호하기 위해 모든 에너지를 그것에 집중했다. 그러다 보니, 평상시 하던 일들은 잠시 유보된 것들이 많다. 교직원 성교육도 그랬다. 대면 교육은 할 수도 없었다.

그래서 온라인 성교육 연수만 진행하였다.

지금도 만약 바쁜 상황이라면 일의 완성 수준을 조금 낮추어 대면 교직원 성교육은 보건교사가 직접 해도 된다. 성교육의 전공자는 아니지만, 충분히 할 수 있다. 방법은 다양하다. 유인물을 나누어 주어 간단히 할 수도 있다. 아니면, 전체 교직원 회의 시 미니 강의식으로 성교육을 시행할 수도 있다. 교육이 끝난 후에는 성교육 받은 교직원의 사인을 받아서 결재를 올리면 될 것이다. 교직원의 사인을 받아 결재하지 않고, 성교육을 시행한다는 결재만 해도 된다. 어떤 방법이든, 교육했다는 것만 남겨, 나중에 성교육 실시 여부가 필요할 때, 확인 자료가 되면 된다.

요즘은 성과 관련된 문제에 매우 민감하다. 어떤 성 관련 사안이 발생했을 때, 성교육 여부를 확인한다. 성교육이 성사안 문제를 100% 예방하는 것은 아닌데, 자연스럽게 성교육 여부를 따지게 되는 것이 사람의 심리인 것 같다. 성교육뿐 아니라 다른 사건 사고도 마찬가지이다. 얼마 전에 킥보드를 타다가 학생 한 명이 버스와 충돌하는 사고가 발생했다. 그런 상황에서 킥보드의 사용법, 킥보드 안전하게 타는 법, 기타 주의사항에 관한 교육이 평상시 있었는지 관심의 대상이 되었다. 교육했다는 결재가 있다면 확실히 교육이 있었음을 의심할 여지가 없게 된다. 결재가 없었더라도 학교 내 메시지를 통해서 킥보드에 대한 담임의 반 아이들에 대한 교육 자료와 교육 권유가 있으면 교육을 했다는 자료가 된다. 성과 관련된 내용도 마찬가지로 항상 교육이 필요하고 교육 후 자료로 남기는 것을 신경 써야 한다.

성교육이 교직원 전체에 대한 교육이기에 연구부에서 맡아야 한다는 의견도 있다. 연구부는 교직원 연수의 총책임 부서이고 교직원 연수 관련 예산도 가지고 있다. 세계가 가까운 이웃이 된 결과 신종감염병은 주기적으로 언제든 도래하여 감염병 대응을 일상처럼 여겨야 할 보건교사는 업무가 점점 증가하고 있다. 이런 상황에서 성교육 관련 업무에 대한 조정 필요성이 전혀 없다고 볼 수 없지만 일단, 맡은 부서에서는 업무의 중요성이 가볍지 않기에 성교육을 잘 챙겨야 할 것으로 생각한다.

교직원 성교육 연수도 온라인으로 가능하다. 코로나19 시기에 온라인으로 시행했다. 연수의 효과가 떨어질 것이란 염려가 있었지만 100% 맞는 말은 아니다. 성에 대한 중요도가 높아지는 사회적 분위기에 편승해서 교직원들은 열심히 온라인 연수를 받았다. 공인된 교육기관에서도 성희롱, 성매매, 성폭력, 가정폭력이라는 4대 폭력 예방을 위해 연수프로그램을 제작하여 전 교직원의 성교육 연수가 질적인 수준이 될 수 있도록 하였다. 보건교사는 온라인 의무교육이라도 주기적으로 메시지를 통해서 연수를 잘 받을 수 있도록 안내해야 한다. 메시지가 큰 역할을 한다. 메시지를 좀 더 부드럽게, 그러면서도 무게감 있게 전달하기 위해 메시지 작성에 더욱 노력해야겠다. 온라인 성교육도 메시지를 수단으로 연수 이수율을 확실히 높일 수 있었음에 감사하다.

충격은 충격일 뿐, 새로운 방법을 모색한다

————————

감염병의 발생은 앞으로도 주기적으로 찾아올 것으로 예측하고 있다. 코로나19가 거의 사라졌지만 얼마 전까지도 끈질기게 발생했다. 코로나 확진자 수가 잠잠하다가도 빠르게 증가 현상을 반복했었다. 그럴 때, '무슨 시나리오인지?' 황당했었다. 학교에서도 조용하다가 갑자기 확진자 증가상황이 두드러지게 보였다. 1반에 23명, 25명 정도인데, 9명이 확진된 반도 있었다. 지금은 자가 진단 앱도 폐쇄된 상태. 확진자가 발생할 때는 나이스의 감염병 환자 등록 부분에서 보고하고 있다. 확진자가 늘면서 '제발 빨리 방학이 되어라.'라고 바랬는데, 아무래도 방학에는 사람간의 접촉률이 줄어드니 확진자가 감소하지 않을까 생각해서였다. 하지만, 방학 중간지점인 지금 상황에서도 방학 전보다 훨씬 증가하였다고 한다. 충격이다. 코로나19 바이러스의 끈질긴 생명력에 충격이 가시지 않는다. 처음 코로나가 발생했을 때가 생각난다. 그때보다는 지금 상황이 좀 더 낫지만, 그때는 정말 국가적으로나 개인적으로 정신을 의식적으로 챙겨야 할 정도로 막막했다. 그래도 죽으란 법은 없다. 방법을 모색하니 항상, 대처법은 찾아졌다.

코로나19가 한창인 시기에 나는 독서 모임을 했었다. 아는 강사님을 통해서 처음으로 참석하게 되었는데 아쉽게도 내가 사는 지역이 아니라 차를 타고 30분 이상 이동해야 했다. 독서 모임을 시작하기 전에는 나는 독서 모임의 참석에 대한 필요성을 전혀 느끼지 않았다. 나는 평상시 읽고 싶은 책을 혼자서 주로 읽었다. 하지만 독서 모임을 통해서 함께 읽으니, 여러모로 좋은 점이 있었다. 내가 읽지 않던 분야의 책도 읽게 되었고 혼자서는 전혀 발견할 기회를 얻지 못할 것 같은 소중한 책도 알게 되어 독서 모임이 진정 의미 있는 것이란 생각을 하게 되었다. 그런 상황에서 코로나19 상황이 발생했다. 팬데믹 전염병 상황에서 독서 모임은 문을 닫아야 할 것인가? 서로 의견이 분분했지만, 자연스럽게 온라인 모임을 하게 되었다. 보건교사인 나는 수업을 하지 않고 있어서 온라인 모임이 생소했고 어려웠었다. 독서 모임 단톡방에서 걸어준 링크를 따라 온라인 방에 참석하는 것까지는 가능했지만, 실제 사람의 모습이 아닌, 화면으로 실시간 대화하는 것이 또한 어색했다. 온라인상의 만남은 소통이 제대로 이루어지지 않을 것 같은 선입견이 있었다. 하지만 사람은 적응의 동물이라고 2주에 한 번씩 독서 모임을 할 때마다 점점 익숙해졌다. 독서 모임을 통해서 간혹 있는 보건교사들의 온라인 연수에서도 덜 어색하게 되었고 할 말이 있을 때, 자연스럽게 화면 속의 사람들에게 이야기를 할 수 있게 되었다.

온라인 비대면 독서 모임의 장점은 다양하다. 사람과의 대화는 직접 얼굴 보고만 하는 것이란 고정관념을 깨면서 온라인 만남의 장점이 하나둘 눈에 들어왔다. 우선, 만남을 위한 이동시간을 아낄 수 있다. 30분 자동차 이동 거리가 생각 외로 긴 시간이다. 하지만, 그 시간을 벌 수 있어서 그 시간 동안 주부로서 아침밥을 해두고, 청소도 한다. 이른 시간의 대면 독서 모임 때는 전혀 할 수 없었던 일을 할 수 있어서 엄마로서 덜 미안하고 좋았다. 또한, 외모에 덜 신경 써도 된다는 것이 좋은 점이다. 아무래도 사람을 만나려면 화장도 해야 하고 옷도 챙겨야 한다. 그런 것들을 조금은 생략할 수 있어서 정신적 긴장도가 줄어든다.

코로나19가 처음 전 세계를 충격 속에 빠트릴 때, 학교 역시 발빠르게 온라인 수업을 개시했다. 도저히 불가능할 것 같은 일이었지만 사람의 생명과 건강에 관련된 위기 상황이니, 비대면의 그 방법밖에 없었다. 학생들을 학교밖에서 수업도 없이 그냥 허송세월을 보내게 할 수는 없는 노릇이었다. 전 교육과정 수업이 온라인 방식으로 바뀌었다. 코로나19가 발생하기 전에는 온라인 수업이 불가하다고 여겼던 과목도 방법을 찾아 일제히 온라인 수업을 진행했다. 이가 없으면 잇몸으로 먹는 것처럼, 오프라인 대신 온라인이 수업의 일반적인 방법이 되었고 아쉬움이 있지만, 아이들은 배움을 유지할 수 있었다. 코로나19가 들쑥날쑥하다가 조금 잠잠해질 때는 전교생 1/3 등교, 2/3 등교 식으로 등교 인원을 조절해가면서 오프라인 수업과 온라인 수업을 병행했다.

기계 다루는데 아무래도 서툰 나이 많은 교사들까지 동참했다. 하나하나 배워나가면서 온라인 수업에 필요한 기술적인 배움을 이어나갔다. 처음이 어렵지, 하나하나 배워나가면서 몸에 익숙해졌고, 익숙해진 만큼, 덜 어려워졌다. 내 경우도 한참 코로나19가 성행하던 시기에 복직하게 되었는데, 시간이 지날수록 기계적인 문제들은 자연스럽게 해결이 되었다. 어렵다고 느낀 부분일수록 오기라는 감정은 발동한다. '그래, 네가 이기나 내가 이기나 한번 해 보자. 나는 더는 물러설 곳도 없다. 한번 부딪혀 보는 거야.'

라는 마음으로 도전했다. 기계적인 미숙함은 처음의 어려움을 잘 통과해서 배우면 그다음은 의외로 쉽다는 것을 깨닫게 된다. 환경이 사람을 만들 듯이, 코로나19 상황이 우리를 디지털 환경에 조금 더 익숙하게 만들었다.

코로나19 상황에서 대면은 최대한 자제해야 한다. 대면 만남을 통해서 코로나19 바이러스가 확산하기 때문에 환경적인 요소를 차단하기 위해 대면을 비대면으로 대체한다. 보건 업무에서 하는 모든 일도 되도록 비대면 방식으로 소통을 해야 한다. 비대면 방식의 가장 일반적인 수단이 바로 글이었다. 학교 내 전 교직원 소통창고인 메신저는 정말 고마운 존재이다. 메신저가 없었다면 정말 막막했을 것이다. 프로그램상의 환경조성은 마련된 상태이다. 이제 다만, 글로 소통하는 능력이 요구됐다. 말도 힘든데, 글은 더욱 힘들다고 느끼는 것이 일반적이다. 나 또한 글에 익숙지 않았다. 책 쓰기를 통해서 이미 긴 글쓰기에 익숙해져 있었지만, 메시지를 보내는 것은 또 다른 차원이었다. 소통을 위해 메시지, 하나를 작성해놓고, 전달을 못 하고 반복해서 보고 또 봤다. 자신이 없었다. '내가 핵심적인 내용을 제대로 작성했는가?', '글이 이해하기 쉬운가?', '혹시 틀린 맞춤법은 없는가?' '오해를 일으킬 내용은 없는가?' 이런 질문을 하면서 보류해두었다. 또 한 가지, 내 메시지를 100명 가까이 되는 교직원에게 보낸다는 자체에 조심스러운 마음이 있었다. '내 글을 보고 부정적인 생각을 하는 사람이 있으면 어떡하나?' 하는 마음이었다. 내가 처음 인스타그램에 글을 올렸을 때도 그랬다. SNS에 글을 올리는 것은 불특정 다수에게 나의 글을 보여주는 것이다. 한 개인이 다양한 특성의 거대 집단에 제 생각과 느낌, 주장을 표현한다는 것이 얼마나 용기가 필요한 일이겠는가? 그래서 한동안 인스타그램에 글을 올리는 것을 시작하는 게 쉽지 않았다. 지금은 글감 하나를 잡아서 나의 감상과 생각을 주저 없이 써서 올리지만, 처음 할 때는 그랬었다. 보건교사로서 학교 메시지를 처음 보낼 때도 그랬다. 하지만, 너무 예민하게 생각하면 일을 못 한다는 것을 말하고 싶다. 업무적으로 하는 메시지는 조금만 숙달하면 된다. 생각이나 주장을 펼치는 내용이 아니라 보건 업무를 원활하게 수행하는 목적으로 글을 쓰는 것이다. 협조사항이나 어떤 자료에 대한 공고 및 안내 차원의 목적이 강하기 때문에 스스럼없이 메시지를 보내야 한다.

충격은 충격일 뿐, 우린 적응해나간다. 어떤 상황에서도 방법은 찾는다. 감염병 팬데믹 상황을 통해서 온라인 세계에 정착했다. 온라인 만남을 터부시했고 불편함의 대상으로 바라보았지만, 감염병 팬데믹의 영향으로 비대면 소통을 일반적인 삶의 한 방식으로 받아들였다. 코로나19가 처음 닥쳤을 때, 나라는 나라대로 개인은 개인대로 이 상황을 어떻게 받아들이고 헤쳐나갈지 급 혼란 상태였었다. 대표적인 집단이 아이들의 교육을 담당하고 있는 교육부, 학교였을 것이다. 다른 대안이 없었다. 대면이 아닌 수업, 바로 비대면 수업이었다. 소소한 모임에서도 비대면이 이제는 대세가 되었다. 닥치면 다 한다는 말처럼, 우린 어색하고 어려웠던 비대면의 만남을 자연스러운 일상의 경지에까지 이르도록 노력했다. 지금은 비대면이 그 어느 만남보다 편안하고 더 알차게 삶의 일부로 자리매김하였다. 보건 업무도 마찬가지이다. 코로나19 감염병 전에는 결코 상상하지 못한 비대면의 장점들을 업무에 잘 활용하고 있다. 충격은 언젠가는 끝난다. 새로운 방법을 발견하고 창조하면서 충격은 새로운 변신과 성장의 기회가 된다.

포스트 코로나, 대면과 비대면의 조화

직접 얼굴을 보고 이야기 나누면 화가 났더라도 오해가 풀리고 화가 누그러지는 현상을 간혹 경험한다. 평상시 나와 이상스럽게 파장이 안 맞는다고 생각하는 여교사가 있었다. 상냥하지 못한 목소리, 자기중심적인 몸놀림, 어쩌다 대화할 때도 웃음기 없는 표정, 이런 모든 것들이 2년 이상 누적되다 보니, 그녀에 대해 좋은 이미지를 갖지 않게 되었다. 업무상, 소소한 의견 차이도 있었다. 새로운 공문이 왔는데, 보건에 관련된 키워드가 하나 있다고 공문 재지정을 요청했다. 요즘은 시대가 좋아져, 공문을 받아보고 내 부서, 내 업무가 아니라고 판단할 경우는 당사자가 공

문 재지정을 요청할 수 있다. 재지정할 때, 그 옆에 이유를 간단히 메모할 수 있다. 이유를 메모할 수도 있고 하지 않고 재지정 요청을 해도 되고, 그것은 선택사항이다. 주변 사람도 그 공문은 그녀가 처리할 일이라고 말했으나 그녀는 재지정요청을 했고 그 공문이 보건실로 배정되었다. 나도 합당한 이유를 적어서 재지정요청을 했다. 이런 상황을 '공문 핑퐁 상황'이라고도 말하는데, 결국, 그 공문은 계류상태로 있게 되었다. 결국 내가 접수를 했다. 학교에서 처리해야 할 공문인데, 어찌하였던 접수가 되어야 하고 그러기 위해서는 누군가는 양보해야 하는 것이 맞다고 생각했기 때문이다. 이런 일이 있고 나니, 그녀에 대한 이미지가 더욱 좋지 않게 되었다. 하지만, 어느 날 갑자기 다른 볼일로 보건실을 찾아온 그녀를 보고는 그녀에 대한 부정적인 마음이 조금은 누그러졌다. 얼굴을 보고 이야기 나누니, 그 사람의 성격이 오해를 살 수 있는 성격이라 그렇지 나쁜 의도로 사람을 대했던 것은 아니라는 생각이 들었다. 역시, 얼굴을 보고 대화를 나누면 오해는 줄어들고 좀더 긍정적인 관계 형성이 가능하다고 생각하게 되었다. 직장에서의 그런 오해가 줄어든다면 좀 더 업무에 집중하고 소통하여 업무의 성과도 높일 수 있을 것이다.

좋지 않게 봤던 그녀는 평상시 보건실을 거의 오지 않던 사람이었다. 사람의 마음은 통하는지, 부정적인 느낌이 그녀에게 전달되었을지 모른다. 누군가가 나를 좋아하고 싫어하는 정도는 인지한다. 형이상학자인 네빌 고다드는 '내 마음이 곧 내 세상을 만든다.'라고 했다. 내 마음의 모든 것들은 결국 내 세상을 마음과 같이 만들어나간다는 것이다. 그래서 될 수 있으면 긍정적인 생각을 하면서 일하려고 한다. 긍정적인 생각이 긍정적인 결과를 낳는다고 생각했기 때문이다. 하지만, 건강지킴이로서 모든 학교 구성원에게 좋은 마음으로 대하려 해도 가끔 이런 사람이 있게 마련이다. 공문 재지정 일도 있고 해서 더욱 감정적으로 안 좋아진 상황인데, 그녀가 불현듯 보건실을 찾은 순간, 나는 당황했다. 도둑질하다 들킨 사람처럼 순간 어쩔 줄 몰라 했다.

"생리대 있어요? 갑자기 이렇게 되었네요. 바쁘신데 저까지 와서 죄송해요. 선생님."

그녀의 입에서 나온 말은 상대를 배려하는 것이었고 그 말로 인해 미안해하는 마음이 그대도 전달되었다. 반전의 모습에 나는 그녀를 따라 대답을 하게 되었다.

"아니에요. 선생님, 급할 때 조금이라도 도움이 되는 것이 제가 하는 일인데요. 개의치 마세요. 언제든 필요하면 오세요."

별거 아닌 소재로 이런 이야기를 주고받으니, 내가 그동안 가졌던 부정적인 생각들이 미안스러워졌다. 괜히 가만히 있는 사람을 혼자서 깎아내렸구나. 앞으로 조심, 또 조심해야 해야겠다고 생각했다.

업무도 사람이 하는 것이다. 업무를 위해 직장에서 만나는 관계이지만 사람의 일이고 관계인지라 그 관계가 순조롭지 못하면 업무도 삐거덕거리게 된다. 코로나19 상황으로 우린 얼굴 보고 대화할 일이 많지 않았다. 얼굴을 보더라도 얼굴 반을 마스크로 가린 후 소통해야 했다. 그러니, 표정으로 그 사람의 말을 보충하지 못해서 매끄럽지 못한 관계가 형성될 수도 있었다.

마스크를 쓰고 만나면 대면이지만 비대면과 비슷하다. 보건실에 수도 없이 찾아오는 학생이 있었다. 성격은 밝고, 서글서글했다. 하루는 체육 교사로부터 전화가 왔다. "선생님, 혹시 가온 학생 보건실 가지 않았나요? 그 학생 거기에 있으면 아이폰 강당에 두고 갔으니, 찾으러 오라고 전달 부탁드립니다." 아주 비싼 아이폰을 흘리고 온 학생을 유심히 쳐다보니, 얼굴은 귀여워, 그냥 웃음이 났다. 내 자식들이 생각나서, "가온아 아이폰 어디 있니? 체육 샘이 지금 전화 왔는데 강당에 있으니 찾으러 오라고 하신다. 귀한 물건 잘 챙겨야지." 아이는 깜짝 놀라며 감사하다고 한다. 그 이후 더 자주 보건실을 찾는다. 자기 자신의 바짓가랑이에 발이 걸려 넘어져 다쳤다고 오고, 자신의 손톱에 자신이 할퀴어서 오고, 기타, 웃음 나는 사연들로 보건실을 찾았다. 그렇게 안면이

익었다고 생각했는데, 코로나19의 규정이 바뀌고 마스크 착용이 선택사항이 되었을 때, 가온이가 마스크를 벗고 보건실에 나타났는데 나는 알아보지 못했다. "너 가온이니? 마스크 벗으니, 정말 모르겠다. 마스크로 가린 너의 입 부분이 이렇게 생겼구나." 못 알아본 것에 서운해하는 가온이를 위해 그렇게 말해주었다.

　마스크는 대면 만남의 임시적 방편이 되었지만 아쉬운 부분이 있다. 마스크로 소통이 만족스럽게 되었다고는 말할 수 없다. 대화를 나눌 때, 얼굴 전체의 표정을 볼 때와 보지 못했을 때, 소통의 질은 분명히 차이가 날것이라고 생각한다. 마스크를 벗었을 때, 완전 다른 사람이 되는 경우도 있다. 마스크를 쓴 얼굴의 눈이 작아서 특별한 존재감이 없었으나, 마스크를 벗었을 때, 카리스마 넘치는 미남 얼굴이 되어 선입견을 완전히 깬 경험도 했었다. 마스크 안의 가려진 부분이 그 사람의 마음을 파악하는 데 중요한 참고 요소가 된다. 눈이 마음의 창이라고 하지만, 눈과 코, 입을 전체적으로 볼 수 있을 때, 눈은 마음의 창의 역할을 다한다고 생각하게 되었다.

　포스트 코로나 시대, 대면과 비대면이 지금은 공존한다. 감염병의 최고예방법이었던 마스크는 본인의 건강 상태에 따라 언제든 착용할 수도 있고 안 할 수도 있다. 포스트 코로나 시대, 비대면의 여러 장점도 온몸으로 실감했기에 우리의 삶은 비대면의 영역이 더욱 확산하는 것은 기정사실이다. 다만 고려해야 할 부분은 비대면만을 추구해서도 안 되고 대면만을 고집할 필요도 없다는 것이다. 개인의 삶을 추구할 때나 직장에서 일할 때, 이제는 대면과 비대면의 적절한 조화를 완성해야 하고 그렇게 했을 때, 코로나19 이전 시대보다는 더욱 알차고 풍요로운 삶을 영위해 나갈 것으로 생각한다. 코로나19로 만남을 할 수 없을 때, 직장인들은 가장 답답함을 느꼈을 것이다. 보건 업무도 어떻게 헤쳐나가야 할지 감감했었다. 하지만, 지금은 코로나19로 인해 비대면의 기술과 노하우를 얻게 되어서 좀 더 질적인 업무 수행이 가능해졌다고 판단이다. 우리의 만남 방식이 대면뿐 아니라 비대면의 방식도 있음을 뇌에 각인시켜 준 코로나19 바이러스에 오히려 감사하다는 마음이 든다. 역시, 시련은 우리에게 성장을 남긴다. 시련이 시련으로 끝나지 않고 새로운 레벨 업의의 발판이 되었음을 되새기며, 보건 업무에 비대면의 만남을 최대 활용해 학교 건강을 더욱 효과적으로 관리해나가면 될 것이다.

보건 업무, 말과 글을 동시에 활용해라

———————

사람 관계를 통해서 보건 업무 성과를 올릴 수 있다. 사람을 내가 원하는 방향으로 이끌 수 있다면 학교의 건강을 유지하고 증진하는데 수월하다. 사람의 마음을 움직이는 가장 쉬운 방법의 하나는 그 사람에게 믿음을 주는 것이다. 신뢰감이 중요하다. 외국에 나가서는 이 신뢰감으로 생사가 갈리는 일도 있다. 고급정보를 소유하고 못 하고가 신뢰감에서 비롯된다. 일할 때도 상대방에게 신뢰감을 줄 수 있다는 것은 강력한 무기이자 능력이라고 말할 수 있겠다. 보건 업무를 할 때, 교내 교직원들의 신뢰감을 얻는 방법은 의외로 간단한 방법이다. 물론, 스스로 시간을 투자한 노력이 필요하겠지만 도전해 볼 만하다.

나는 얼마 전 교직원들을 대상으로 한 응급처치 교육에서 이론 강사로서 강의를 했다. 이론 강의를 해야 한다고 결정했을 때 나는 망설였다. 강의대상인 교사는 가르치는 분야에서 전문가이다. 그야말로 밥 먹고 하는 일이 가르치는 일이다. 얼마나 많은 경험과 노하우들을 가지고 있겠는가? 강사를 딱 봐도 그 사람이 얼마나 잘 가르칠 것인지 감으로 알 수 있을 것이다. 그 정도로 가르치고 말하는 것에 있어서 교사를 따라갈 직업군은 없다. 그런 사람들 앞에서 강의한다는 것은 여간 고민되는 일이 아니다. '가만히 있으면 중간이라도 갈 텐데, 괜히 나섰다가 더 못난이가 되는 것은 아닌가?' 하는 생각을 해봤다. 하지만 내가 한 가지 놓친 것이 있었다. 보건이나 건강 관련해서는 교사가 우리를 따라오지 못한다. 우린 그 분야의 전문가이다. 의료인이기에 건강 관련 강의 시 강의하는 내용에 신뢰감과 힘이 생긴다는 것이다. TV에서도 전문가를 패널로 참석시켜 전문가의 의견을 들을 수 있게 한다. 그것이 바로 전문가의 말이기 때문에 말의 내용에 신뢰감을 느끼게 되고 누구나 믿고 따르게 된다. 언변이 좀 부족하더라도 전문인이라는 신분이 강의를 크게 보완한다. 그런 부분을 인지하고 난 뒤 나는 이론 강의를 하기로 했다.

교직원의 응급처치 교육이 의무적으로 법제화됨으로 인해 교육청에서는 교육에 보건교사를 활용하기로 했다. 대한적십자사에서 진행 중인 응급처치 강사양성과정을 이수하기를 희망하는 보건교사의 신청을 받아서 9일간의 대면 교육을 이수하게 했다. 나는 방학 동안 이 과정을 이수했다. 이 교육과정을 신청하기 전에, 나는 이 과정에 대해 보건교사 단톡방에 질문을 했다. '응급처치 강사양성과정'에 대한 질문 하나로 단톡방은 금방 뜨거워졌다. 보건교사에서 너무 부담되는 연수라는 것이다. 이 연수를 받으면 본인 학교의 응급처치 교육은 물론이고 주변 학교의 교육 요청에도 응해야 한다는 것이다. 물론, 횟수 조정은 본인이 가능하다. 그래도 기대치가 높아지기 때문에 본인 학교 건강 지키기도 시간과 에너지가 부족한데, 쉽지 않다고 입을 모아서 글들을 올렸다. 맞는 말이다. 이런 부담 없이 순수하게 본인 학교 응급상황이라도 잘 처리할 수 있도록 역량을 높이는 차원에서 이 연수를 받을 수 있도록 하면 좋겠다는 개인적인 생각을 해봤다. 연수를 받고 나니, 응급처치 상황, 특히, 심폐소생술을 실시해야 하는 초응급상황에도 자신감이 생겼다. 모든 보건교사가 이런 자신감으로 심폐소생술 및 응급처치를 할 수 있다고 생각이 바뀐다면 그것만으로 교육의 투자 효과는 충분하다고 말할 수 있겠다.

교직원 대상 응급처치 이론 강의 후 나 스스로 더욱 자신감이 생겼다. 교육을 하기 전에는 교사를 교육해야 한다는 부담감이

컸지만, 하고 나니, 다음에도 꼭, 내가 강의해야겠다는 생각이 들었다. 우선, 준비하는 과정에서 나는 응급처치에 대해서 다시 숙지하는 시간이 되었다. PPT를 제작하면 강의를 어떤 식으로 전개할지 고민하게 되었다. 그래서, 처음에는 질문하고 답하면 선물을 증정하는 시간부터 가졌다. 선물을 좋아하는 것은 아이나 어른이나 마찬가지이다. 기분의 문제이니 교육에 대한 집중도가 올라간다. 그리고 응급처치 실제 사례와 사고 영상을 함께 넣어서 자료를 만들었다. 그렇게 준비하고 강의를 한 날, 내가 고민하고 열심히 준비한 만큼 성과도 좋았다. 행사 이후에는 항상 전 교직원에게 메시지를 보낸다. "장시간 응급처치 연수받으시느라 고생 많으셨습니다. 무사히 교육은 잘 끝났고 어떤 응급상황에서도 우리 학교의 건강은 우리가 지킬 수 있을 것으로 생각합니다. 감사합니다." 같은 내용으로 전 교직원에게 메시지를 보냈을 때, 여러 명의 교사가 "보건 선생님도 고생 많으셨습니다."라는 답글을 보내왔다. 이런 답글에 정말 모든 피로감은 녹아 사라졌다. 보내 온 답글의 메시지 중 아직도 기억에 남는 메시지는 다음과 같다.

"지금까지 들은 응급처치 및 심폐소생술 이론 강의 중에서 가장 내실 있는 강의였습니다. 감사합니다."

한 줄 조금 긴 문장에 나는 하늘을 날아가는 느낌이었다. 고생의 보람이 있었다. 고생은 의미 없이 사라지지 않는다. 강의에 익숙하지 않았지만, 나는 강의가 끝나자마자 이미 무엇인가를 얻었다는 것을 알게 되었다. 그것은 다음과 같다.

첫째, 강의에 대한 자신감이었다.

스스로 나도 가르칠 수 있다는 자신감을 얻었다. 교사를 가르치는 교사가 되므로 당연히 따라오는 자신감이다. 어떤 일도 할 수 있겠다는 마음, 학교의 건강은 내가 잘 지켜낼 수 있다는 스스로에 대한 인정이 교직원 강의가 끝나면 생긴다.

둘째, 보건교사를 전문가로 인정하는 눈빛을 얻었다.

항상 보건실에만 있고 무엇을 하는지 자세히 모르던 교직원들은 보건 교사에게 연수를 받으면서 확실히 알게 된다. 보건교사가 무슨 일을 어떤 마음으로 하고 있는지 이해한다. 자세히는 모르겠지만, 교직원들은 보건교사가 분명 학교에 꼭 있어 주어야 하는 중요한 존재라는 것을 느낀다. 의료의 전문가로서 보건교사를 바라보는 눈빛이 달라진다.

셋째, 학교 내 교직원으로부터 신뢰감을 얻었다.

건강을 관리하는 전문가의 일은 사실, 가장 중요한 부분이다.

교육기관에서조차 공부보다는 건강이 우선시 되는 것이다. 공부는 잘하는데 병이 있거나 다치면 무슨 소용이 있겠는가? 그런 차원에서 보건교사의 존재를 인지하게 되고 보건 업무에 무한한 신뢰감을 가지게 된다. 강의하고 나오는 보건 교사에게는 강의까지 챙기는 알뜰함에 교직원들의 마음에 보건교사에 대한 믿음이 자리한다.

응급처치 이론과 실습 강의 3시간이 다 끝나고 나면 반드시 전 교직원에게 메시지를 보내 수고했다는 의미의 글을 전달하면 좋다. 사람의 일이니, 고생한 교직원들에게 따뜻한 말 한마디는 사랑이고 배려이다. 그리고 지극히 인간적이다. 연수에 대한 피드백을 받는 기회가 되기도 한다. 반응이 있다면 그래도 전반적으로 좋다는 의미로 받아들이면 된다. 반응이 없더라도, 고생한 보람이 없어지지는 않는다. 교직원을 대상으로 직접 강의한 일은 긍정적인 피드백으로 돌아올 것이다. 글이 주는 위안이 또한 크다. 따뜻하게 한마디 써서 보내면 주는 사람과 받는 사람, 모두가 푸근한 마음이 된다. 이 또한 앞으로도 보건 업무 협조에 좋은 영향을 미칠 것이다.

말과 글을 함께 활용함으로써 인정받으면서 더 효과적으로 보건 업무를 할 수 있다. 말없이 보이지 않게 묵묵히 일하는 것이 아니라 교직원을 대상으로 강의할 상황이라면 좋은 기회라고 생각하고 시도해 보길 권한다. 처음부터 잘하는 사람은 없다. 더군다나 교육대상이 교육의 전문가일지라도 보건교사는 건강과 관련된 내용, 즉 보건교사의 전공에 대해서 알려주면 그 자체로 신뢰감 있고 의미 있는 강의가 된다. 왜냐하면 전문가의 강의이기 때문이다. 강의기술이 조금 떨어지면 어떤가? 열심히 학교 건강을 위해 노력하는 모습을 보여주기에 교직원들 대부분은 긍정적으로 받아들일 것이다. 말주변이 없다고 미리 걱정하지 말자. 말주변은 공식적인 자리를 자주 마련해서 말할 때 점점 좋아진다. 방법은 여러 가지가 있는데, 자신에게 맞는 연습 방법을 찾아 말하기를 업무의 수단으로 만들어야겠다. 공식적인 보건교사의 말, 즉 강의가 끝나고 나서는 반드시 메시지로 수고와 감사의 마음을 전해라. 사람의 일이라 간단한 한 줄의 글이라도 잔잔한 따뜻함을 일으킨다. 보건 업무, 이제는 말과 글을 동시에 활용할 수 있도록 노력함이 필요하다는 것을 기억하자.

글의 장점은 기록으로 남는다는 것

────────────

오랜만에 후배와 통화를 했다. 방학이 되면 여유가 생겨, 주변을 돌아보게 된다. 가족들에게도 그동안 못한 따뜻함의 표현을 한다. 특히, 아이들에게 미안하다. 아직 중학생인 아이들은 직장 다니고 책 쓰는 엄마로 인해 스스로들 독립심을 키우면서 살고 있다. 엄마의 따스한 정이 조금 더 필요한 나이인데, 좀 더 잘 챙겨주어야겠다고 생각한다. 방학으로 여유가 생기면, 그런 생각도 한다. 요즘은 SNS를 통해서 모든 정보를 얻는다. 요리 레시피도 마찬가지. 나는 인스타그램에 나오는 레시피를 따라서 이것저것 다양하게 요리를 해서 아이들에게 맛을 보였다. 아이들은 엄마의 요리가 최고라고 "엄지척" 올려세운다. 가까이에 있지만, 평소에 자주 연락을 못 했던 대학 후배와 어느 날 통화를 하게 되었다. 이 후배는 초등학교 보건교사이다. 그동안 힘들어서 3주 이상 병가를 했다고 한다. 나는 깜짝 놀랐다. 얼마나 힘들었으면 병가까지 냈을까 싶었다. 병가 소식 말고도 후배의 다른 말은 더욱더 충격적이었다. 관리자 한 분이 자신을 너무나 힘들게 했다는 것이다. 코드가 안 맞는지 하루하루가 지옥이었다고 한다. 어느 집단이나 특이한 사람은 한 명씩 있게 마련이다. 교육계도 예외가 아니다. 깊이 알고 보면 나쁜 사람은 아닐 수 있지만, 평상시 소신이 너무 강해서 주변 사람이 심리적인 압박을 받는 경우가 종종 있다. 후배는 특별한 조치로 관리자와의 관계에서 있었던 일을 모두 기록으로 남겼다고 한다. 6개월 이상 기록했다고 한다. 그리곤 관리자에게 조용히 이야기했다고 한다. "왜 이렇게까지 힘들게 하시나요? 저는 모든 일을 기록으로 남겼습니다." 이 한마디에 관리자는 스스로 자신의 행동을 되돌아보게 되었던지, 그다음부터는 그 후배를 힘들게 하지 않았다고 한다. 기록의 힘이다. 기록은 역시, 강한 파워가 있다는 생각이 든다. 그 누적한 기록이 어쩌면 후배의 강력한 무기가 된 것이다. 기록이 우리 자신을 보호하기도 하고 우리의 역사를 남겨 자신과 자신 외의 사람이 참고 자료로 활용하기도 한다.

나는 보건 일기를 작성한다. 학교에서 업무상 일어난 모든 일은 보건 일기에 기록한다. 처음 보건 일기를 작성하기 시작한 것은 기억력을 높이기 위해서였다. 나는 4년 휴직 후 코로나19가 한참 창궐해서 학교에서도 정신없이 코로나 대응을 할 때 복직했다. 오랜 기간 휴직한 후의 복직이라 모든 것이 생소했다. 신규 교사 같은 마음으로 업무에 임해야겠다고 다짐한 후 좌절감을 조금은 줄일 수 있었다. 업무환경이 너무나 바뀌어서 그때는 정말 배우고 기억하기 위해 뭔가를 기록하지 않으면 안 되었다. 업무에 적응하기 위해, 혼자서 어떡하든 배워나가야 했고 주변 사람들에게 민폐를 최소화하기 위해 보건 일기라는 파일을 만들어 작성하기 시작했다.

보건 일기에는 지극히 사소한 것도 다 적었다. 누군가가 보건실에 왔다 갔다는 것, 오늘 하지 못한 일, 오늘 한 일 중에 스스로 가장 잘했다고 생각하는 것, 내일 해야 할 일, 꼭 기억하고 앞으로도 계속 활용해야 할 지식과 지혜들, 기타 등등 무엇이든지 적었다. 적다 보니, 적을 것은 더욱 많아졌다. 오랜만에 만난 친구보다 자주 얼굴 본 친구와 대화할 거리가 더 많듯이 적는 버릇을 들이니, 적을 꺼리는 더 많아지고 더 많은 자료를 되돌려 확인하면서 나는 업무에 도움을 받을 수 있었다.

보건 일기는 나만의 기록 방식이 있다. 출근하면 오늘 해야 할 일을 적는다. 적는 순서가 중요하다. 우선순위가 높은 것을 제일 앞, 1번으로 적는다. 1번은 주로 오전에 할 일이다. 오전에는 그래도 머리 상태가 가장 맑기에 좋은 아이디어가 많이 생긴다. 좋은 아이디어로 업무를 할 때 힘들이지 않고 좋은 성과를 낼 수 있다. 그래서 나는 어려운 업무, 해결되지 않은 업무, 사람들에게 영향력이 큰 업무일수록 1번에 기록하고 오전 시간에 일한다. 그렇게 일을 하다 보니, 일에도 수준이 있다는 것을 깨닫게 되었다. 가장 수준 높은 고난이도의 일들은 주로 사람들과 협조해서 추진해야 하는 일이다. 예를 들어서 학교의 규정을 정하는 일 같은 것이다. 수업 시간에 보건실을 찾을 때 '보건실 이용 허가증'을 지참해서 보건실을 방문해야 한다는 규칙을 정하는 것도 이런 종류의 일이 된다. 서로 협의를 통해서 이런 규칙을 만들어야 한다. 보건실이 항상 학생들에게 수업을 빠질 핑곗거리가 되곤 한다. 아파서 보건실 간다는 핑계로 교과 교사에게 말하고는 보건실을 가지 않고 다른 곳에 가서 놀다가 교실로 들어가는 학생도 있다. 심지어는 학교 밖으로 나가는 일도 있다. 이럴 때 만약, 이 학생이 사고라도 당하면 이것은 정말 교과교사의 책임으로 돌아간다. 그래서 회의를 통해서 결정했다. 학생이 수업 중 보건실을 올 때는 교과 교사의 허가증을 가지고 보건실을 방문해야 한다는 것으로. '보건실 허가증'은 모든 교사의 공감대를 얻었지만, 일부 의견 중 수업 중에 허가증을 발행하기에 수업에 방해가 된다는 의견이었다. 하지만, 조금만 더 깊이 생각해보면 답은 나온다. 아이들이 무단으로 이탈해서 사고를 당해서 책임추궁을 당하는 것보다, 이 방법이 훨씬 교사에게도 안전하다는 것이다. 그래서 우여곡절 끝에 '보건실 이용허가증'은 수업 중 보건실 이용하는 모든 학생에게 교과교사가 발행해 주도록 만장일치로 결정이 되었다. 이런 모든 상황도 보건 일기에 기록해둔다. 학교를 옮기면 이런 일들이 참고 자료가 된다.

'보건 메시지'도 파일을 만들어 기록하고 있다. 요즘 보건 메시지는 생각 외로 중요하다는 것을 느낀다. 1년 업무를 봤을 때, 학생들은 바뀌지만, 업무는 거의 비슷비슷하다. 3월 요양호자 파악부터 해서 각종 계획을 세우고 건강검진을 시행하며 교직원의무연수를 지원하고 교육청에 보고하는 것, 대략 그런 일들이 해마다 반복된다. 교직원이나 학생들에게 보내는 메시지도 거의 비슷하게 동일할 수밖에 없다. 그래서 메시지들을 따로 기록하기 시작했고 보건 일기와 함께, 한해 업무의 중요한 기록물이 된다. 보건 업무를 할 때, 글을 써서 기록으로 남김으로써 우리가 얻는 혜택은 여러 가지가 있다.

첫째, 보건 기록은 다음 해의 보건 업무에 참고 자료가 된다.

나는 옆 학교 보건교사에서 "해마다 보건 업무는 새롭다. 기억이 잘 나지 않는다."라고 이야기한 적이 있다. 그 보건교사도 나와 같은 생각이라고 말했다. "맞아요, 일할 때마다 고민해요." 맞다. 작년에 했던 일을 또 하지만 우리의 기억은 그리 오래가지 못한다. 한해가 지나면 작년 했던 일들이 가물거린다. 아마도 한 해에 한 번만 하기 때문일 것이다. 그래서 기록이 필요하다. 결재를 올린 것은 나이스 업무시스템에서 찾아볼 수 있지만, 나만의 노하우가 들어간 업무에 대한 세세한 기록은 나의 언어로 기록한 기록들이다. 어쩌면 이런 것들이 업무에 더 도움이 많이 된다. 그래서 나의 일기, 메시지들이 필요하다.

둘째, 기록은 귀한 자료로 보건 업무 체계를 잡는다.
비슷한 일들을 해마다 하기에 새로운 아이디어들이 생긴다. 확실히 해가 바뀌고 경력이 쌓일수록 업무는 체계가 잡히고 일하는 방식이 발전한다. 이런 체계와 발전에 기록은 더할 나위 없이 좋은 자료가 된다. 업무별 나의 경험과 노하우를 담은 글을 볼 때마다 올해는 작년보다 더 매끄러운 일 처리가 가능해진다.

셋째, 기록한 자료가 일하는 보건교사의 능력을 상승시킨다.
일에 체계가 잡히면 일하는 사람의 역량도 당연히 높아진다. 작년 기록 자료를 보고 올해는 더 업그레이드를 시켜 더욱 원활한 방법으로 일을 하게 된다. 일만큼이나 사람도 더 전문가의 경지에 이르게 된다. 이때도 기록의 역할은 작지 않다.

넷째, 보건 기록은 책 쓰기의 자료가 된다.

지금 나는 '보건교사 메시지'에 대한 나의 경험과 노하우를 가지고 원고를 쓰고 있다. 학교에서 했던 기록들이 있었기 때문에 1년 업무의 순서에 맞게 기록한 각종 메시지를 정리하면서 기억을 되살려 글을 쓸 수 있다. 이런 기록이 책 쓰기의 재료가 될 줄은 미처 생각하지 못했는데, 이 기록이 나 자신에게 유익할뿐 아니라, 여러 사람에게 도움이 되는 책의 글감이 되었다. 기록은 어떤 식으로든 나에게나 남에게 귀한 자료가 된다.

보건 업무를 하면서도 글로 써서 기록으로 남기길 권한다. 그 글이 어떤 식으로든 참고 자료가 되어 많은 것들을 변화시킨다. 기록으로 남았기 때문에 말로는 가지지 못하는 힘들이 생긴다. 나를 보호하는 용도로 사용할 수도 있다. 현재를 더욱더 긍정적이고 발전적으로 하루하루의 누적된 기록은 내년 업무를 더 체계적으로 변화시킨다. 올해에 어설펐던 업무들이 내년에는 올해의 경험을 바탕으로 업그레이드되어 더욱 전문적인 업무처리 방식으로 변화시킬 수 있다. 기존의 업무기록을 바탕으로 새로운 시도가 가능하다는 것이다. 기록을 통해서 눈으로 확인할 수 있는 것은 막연히 기록 없이 머리에만 있는 것보다 행동 유발력이 높다. 그래서 기록은 점점 업무의 질을 높여준다. 또한 가장 중요한 부분은 기록을 통해 기억력을 높일 수 있다는 것이다. 나이가 들수록 기억력이 쇠퇴한다. 자꾸 잊어버려 정말 중요한 것을 놓칠 수도 있다. 하지만 글로 써두기만 해도 망각의 늪에 빠지지 않는다. 오히려 기억력이 좋은 젊은 교사보다 업무 누락이 줄고 더 잘 챙기게 된다. 거기에다가 경륜이 추가되면 나이가 들수록 학교 건강을 믿고 맡길 수 있는 능력 있는 보건교사가 되는 것이다. 이제는 보건 업무에 사소한 것 하나라도 글로 써서 기록으로 남겨 보시길 바란다.

예방 교육은 메시지가 더 효과적이다

_____

　감염병 대응의 한 영역인 예방 교육의 범위가 광범위하다. 코로나19 상황에서 예방 업무가 보건교사에게 더 고되었다고 말한다. 초기 코로나19 시기에는 확진자가 발생하면 학교가 큰 재난이라도 난 것처럼 우왕좌왕했었다. 하지만 한두 번 겪으면서 확진자가 발생했을 때, 어떻게 처리해야 하는지 알게 되었다. 보건소 연락해서 선별진료소를 학교에 설치하고 전교생 혹은 확진자의 해당 학년, 교직원 검사를 하고 분류해서 격리 조치하면 되었다. 확진자가 발견된 당일 하루는 고되고 2~3일 격리자 관리 초집중하면 된다는 의식이 생겼다. 하지만 코로나19 감염병을 예방

하는 일은 끝이 없다. 응급키트 새학기 분류에서부터, 관내 상황, 사회적 분위기, 전 세계적 동향에 따라서 예방 대응의 수준을 달리해서 일을 해야했다. 감염병 관리에서 예방차원의 업무는 가장 기본이면서 그야말로 반복, 또 반복해도 부족한 그야말로 그 영역도 넓고 업무량도 많았다. 얼마 전에 중학생 아들에게 자전거를 사주었다. 아들에게 헬멧을 꼭 쓰고 다닌다는 약속을 받고 자전거를 구매해줬다. 아들은 자전거를 갖고 싶다고 반년 전부터 졸랐다. 하지만, 자전거가 위험하여 사주지 않았다. 구체적인 이유는 한가지이다. 아들은 평상시 학원을 갈 때도 미리 준비해서 여유롭게 가는 것이 아니었기에 자전거가 있으면 자전거 믿고 더 느긋하게 있다가 막판에 급히 자전거를 타게 되어 더 위험해질 것 같아서였다. 하지만 학원이 걷기에는 좀 먼 거리에 있기에 결국, 자전거를 사주어야 할 상황이었다. 자전거 구매조건으로 헬멧을 꼭 사용한다는 전제하에 자전거를 사주게 되었는데 여전히 걱정되는 마음에 계속 안전교육을 한다. 안전교육 아무리 해도 내 마음에는 부족함이 있다. 이런 심리가 학교 건강을 지키는 보건교사의 마음일 것이다. 해도 해도 부족한 듯한 예방교육, 그래서 자주, 주기적으로 한다.

학교에서 전체 교직원의 회의 시간이 많지 않다. 학교에서도 혹시나 감염환자가 발생할까 예방교육을 하고자 하지만, 문제는 교직원들이 모이기 쉽지 않다는 것이다. 코로나19 상황엔 대면 만남을 자제해야 하는 이유도 있지만 교직원 각자 고유의 업무로 바쁘기 때문이다. 예전에는 수시로 모여서 회의를 했지만, 요즘은 꼭 필요한 일을 제외하고 대면 모임을 거의 하지 않는다. 이럴때 예방 교육을 위해 유용한 방편이 되는 것이 바로 메시지 전송이다. 차츰 대면 모임이 가능해지고 있는 최근에도 예방 교육엔 쉽게 반복할 수 있는 메시지가 역시, 최고의 방법이 된다.

〈학교 내 감염병 확산 예방을 위한 협조사항〉

1. ★아침 자가진단 체크
2. ★아침 반학생 자가 진단 체크 확인 및 체크 독려
3. 문손잡이, 책상, 기타 소독
4. 창문 열어두기
5. 유증상 유무 상호 관찰
6. ★경미한 증상이라도 의심시 상담, 등교 및 출근 중지후 검사

코로나19 감염병이 한참 확산되는 시기에는 일주일에 최소 2번 이상 보냈던 메시지이다. 2021년, 2022년이 코로나19가 가장 심각한 해였다. 이 시기에는 코로나19 관련 공문이 폭탄처럼 학교로 내려졌다. 공문처리 하는 데도 많은 시간이 소비되었다. 아

무리 바빠도 감염병 예방관리는 가장 중요한 보건 업무 중의 하나였기에 위의 메시지는 월요일 아침과 금요일 오후쯤에 매번 메시지로 보냈다. 4년 휴직 후 복직해보니 하드웨어적 학교 시스템은 더욱 발달되어 보건교사가 전학생과 교직원, 학부모까지 메시지를 보낼 수 있었다. 그래서 월요일 오전에는 위의 코로나19 예방 교육 메시지를 전 교직원, 학생, 학부모 전체에게 보냈다. 그리고 주말에는 마음이 해이해지기 쉽기에 방역관리에 더 신경을 쓰길 바라는 마음으로 금요일 오후에 메시지를 보냈다. 특히, 시험이 끝나는 시기에는 학교 구성원의 방역 의지가 가장 느슨해질 수 있기에 특별히 빠트리지 않고 보내야 한다. 그 시기에는 3밀 접촉금지를 강조했었다. 피시방, 노래방, 극장, 기타 밀접접촉이 가능한 곳에는 반드시 출입을 자제했어야 했기에 시험이 끝나는 시간에 맞추어 관련 메시지를 전 구성원에게 보냈다. 교사들도 시험을 준비하느라 바쁘고 긴장했다. 시험이 끝나면 어려운 난관, 하나가 해결된 듯한 마음이 들어 교사도 방역관리에 실수가 있을 수 있다. 잊지말고 시험 후에는 잘 챙겨 메시지를 보내야 한다.

예방을 위해 가장 중점적인 부분이 머리에 각인될 수 있도록 하는 것이다. 머리에 각인된 것은 행동으로 흘러나온다. 머리에 주입하고 단단히 다져 행동까지 이어지도록 하기 위해서는 반복이 최고의 방법이다. 예방교육의 내용을 교육대상자에게 반복적으로 실시할 수 있는 방법은 일단 어렵지 않고 쉬워야 한다. 쉽기 때문에 반복을 할 수도 있는 것이다.

예방 교육을 피교육자의 머리에 각인시키는 일도 반복의 횟수, 바로 "양"과 "쉬움"에 그 성공 여부가 결정된다고 본다. 짧은 문구라도 반복적으로 메시지를 보내 눈으로 확인할 수 있도록 한다면 반드시 예방 교육은 효과를 이룰 것이라고 생각한다. 예방 교육을 쉬운 방법으로 반복적으로 할 수 있는 일이 바로 메시지, 즉 글이다. 특별히 만나지 않고도 충분히 여러 번 전송이 가능하다.

메시지 전송을 통해 예방교육을 쉽게 할 수 있지만, 이 방법이 단점도 있다. 단점이라고 한다면 핵심 위주의 심플한 메시지 작성을 해야 한다는 것과 때론 생각 외로 사람들은 글 읽기를 싫어한다는 문제이다. 일을 하는 입장에서는 메시지 전송이 쉽고 반복적으로 할 수 있어서 좋지만 가끔, 이런 문제가 있다. 핵심 위주의 메시지 작성은 조금의 노하우가 필요하다. 구구절절 내용을 적으면 안 된다. 개조식으로 적으면서 또한 너무 딱딱한 느낌이 들면 읽으면서 감흥을 덜 느끼게 된다. 감정을 건들어 주어야 한다. 감정을 실어 사람들의 마음에 방역 생활을 철저히 해서 학교 내 감염병이 확산되지 않도록 스스로 노력할 수 있게 동기부여해야 한다. 보건교사는 그런 측면을 생각하면서 메시지 작성에 심사숙고해야겠다. 하지만 한번 보건 관련 메시지를 작성해두면 내년에도 또 사용할 수 있어서 일을 줄일 수 있다. 메시지 전송의 또 다른 단점이 글 읽기를 사람들이 귀찮아한다는 사실인데, 이 문제는 너무 신경 쓰지 말고 메시지를 보내라는 것이다. 교사집단에서는 그래도 글과 친하다. 또한 보건 관련 메시지에 관심을 가지고 있다. 이 부분은 크게 염려하지 말고 보건교사는 예방 관련 메시지 글 작성과 수시로 반복적으로 전송하는 것에 충실하면 되겠다. 메시지 전송의 횟수가 늘어날수록 학교의 건강 수준은 올라갈 것이다.

예방 교육의 기본이 메시지 전송이다. 메시지는 다양한 내용을 적을 수 있다. 하지만, 읽을 수 있는 시간과 에너지에 한계가 있기에 메시지 작성에 좀 더 신중해야 한다. 메시지를 작성할 때, 핵심 위주의 개조식으로 써서 가독력을 높이도록 하자. 바쁜 생활을 하고 있는 교직원들이 핵심위주로 인지할 수 있도록 하이라이트를 넣어서 작성해도 좋을 것이다. 밑줄을 긋거나, 핵심키워드의 글자크기를 높이거나, 아니면 색깔을 달리하면 읽기 쉽게 하는 것이다. 다양한 방법으로 예방교육의 효과를 높이기 위해 처음에는 신경을 써서 작성해야겠다. 그리고 예방교육하는 내용에 따라서 전송 빈도수를 조정하는데, 코로나19 같은 감염병일 경우에는 일주일에 2회 정도 주기적으로 보내는 것을 권한다. 모든 성과는 반복에서부터 나온다는 사실을 기억해야겠다. 대상자가 잊기 전에 다시 강조 메시지를 보낸다면 머리에 단단히 각인되어 자연스럽게 건강행동, 방역행동을 하게 될 것이다. 가장 심플하면서도 반복적으로 예방 교육을 할 수 있는 메시지 전송, 나만의 예방 교육별 메시지 노트를 만들어서 해마다 업그레이드하면서 사용해 보시길 응원한다.

제2장

메시지 글쓰기, 이제 보건 업무의 중요한 수단이다

처음에는 메시지 쓰기가 불편했다

보건업무에서 메시지 작성이 중요한 업무의 한 부분이 될 줄은 몰랐다. 임용고시 시험을 치르기 전 나는 전공인 간호학을 혼자서 조금씩 공부했었고 교육학은 노량진 학원을 찾아서 공부했다. 간호학이 전공이다 보니 아무래도 교육학이 어렵게 느껴졌다. 지금은 시험 방식이 바뀌었을지 모르겠지만, 내가 임용시험을 본 2002년도에는 전공은 주관식이고 교육학은 객관식이었다. 간호학 전공이 주관식이었지만 나는 왠지 자신이 있었다. 가장 핵심적인 내용 위주로 노트필기를 했는데 필기한 노트만 해도 8권 이상이 되었다. 필기한 양이 어마어마했지만, 머리에 주입하기 위해 최대한 적었고 입으로 중얼거리며 반복 또 반복했다. 이때, 공

부법에 대해서 확실히 주관이 생겼다. 우리가 공부한 것들은 한 번으로 절대 머리에 입력되지 않는다. 그래서 반복을 해야 하는데, 반복할 수 있는 시스템을 만드는 것이 공부의 관건이다. 반복할 수 있는 최고의 시스템은 바로 노트 필기. 나의 손글씨로 하나하나 정리하면 가독력을 높일 수 있고 반복하기도 더 쉬워진다. 교육학에서는 객관식이니, 전체적인 이해를 하기 위해 노력했다. 어느 구석에서 문제가 나올지 모르는 것이 객관식 문제방식이다. 그래서 운전의 사각지대처럼 우리가 간과할 수 있는 부분까지 눈도장을 찍어서 봤다. 꼼꼼히 구석진 곳의 내용까지 찾아 공부하면, 나중에 공부하지 않은 문제가 나오더라도 감으로 풀 수 있기 때문이다. 이렇게 나의 임용고시 공부법은 주관식과 객관식 출제방식에 따라 방법을 달리했다. 공부를 하루에도 10시간 이상했다. 장시간 꾸준히 하면 도가 틱는 시점이 오는데 밥만 먹고 하루 10시간씩 의자에 앉아 공부하면 잠재의식까지 스며 들어가기 때문일 것이다. 그렇게 어느 순간 깨닫는 지혜를 활용해서 보건교사 임용 공부법의 노하우가 쌓였고 결국 합격하여 원하는 보건교사가 될 수 있다.

　보건교사가 되고 나서 느끼는 것은 합격을 위해 공부를 열심히 하는 것도 중요하지만, 가끔씩 책도 읽고 글도 쓰면서 머리를 식혔다면 금상첨화였겠다는 것이다. 왜냐하면 보건교사가 되고 난 후, 일하면서 메시지 글을 쓸 일이 생각 외로 무척 많기 때문이다. 메시지로 업무의 80%를 해낸다고 해도 과언이 아니다. 이제, '나는 글재주가 없어, 나와 상관없어!'라며 글쓰기를 한쪽으로 치워둘 수는 없다.

보건 교사에게 필요한 역량이라면 2가지를 추가로 더 말하고 싶다. 전공인 간호학에 대한 지식과 지혜가 필요한 것은 두말할 것도 없지만 학교 현장에서 적절한 응급 대응과 건강관리를 위해 필요한 역량이 바로 의료전문가로서의 판단력과 글 쓰는 능력이다. 판단력이라면 보건교사가 함양해야할 중요한 능력이다. 판단력도 연습을 통해서 향상시킬 수 있다. 학교의 건강에 위기 상황일수록 보건교사의 판단력이 학교의 건강을 좌지우지할 것으로 생각한다. 코로나19 시국에서 우리는 수많은 아이디어와 결단으로 학교의 건강을 지키기 위해 노력했다. 온 나라가 한번도 경험해보지 않은 코로나19 바이러스에 우왕좌왕했을 때, 학교는 더 심한 혼란 상태였다. 교육부에서도 갈피를 잡지 못하고 감염병 대응법에 민감하게 귀를 열어두고 예의 주시하는 입장이었다. 보건교사는 내려오는 공문들을 읽고 또 읽으면서 학교 현장에 맞는 대응을 하기 위해 공부를 했다. 가장 합리적인 판단은 지식과 지혜가 일정 수준에 도달할 때 가능하다고 본다. 그리고 위기 상황의 경험과 노하우가 쌓일수록 판단력은 좋아진다. 경륜이 중요한 이유가 이 판단력이 다르기 때문일 것이다. 코로나19 시기에 공문이라는 매뉴얼이 있지만, 보건교사에 따라서 학교에서 직접 이루어지는 보건 업무들은 달랐다. 누가 옳고 그르다는 관점은 있을 수 없으며 학교의 상황이 다르므로 각기 다른 방식으로 매뉴얼을 활용한다. 매뉴얼은 가장 기본적인 부분이면서 큰 그림이라고 생각하고 그 안에서 학교 실정을 가미해서 건강관리 체계를 하나씩 만들어가면 된다. 감염 위기상황에서는 더욱 자신만의 방식을 체계화하여 가야함이 중요하다는 것을 강조하고 싶다. 소신 있고 자기만의 촉이란 판단력으로 학교 건강을 지켜낸다는 자세가 중요한 것이다.

또 하나, 보건 교사에게 필요한 역량이 메시지 글쓰기다. 글쓰기라면 나는 '젬병이'라고 스스로 생각할 수 있다. 업무에서 글쓰기란 보고서 쓰기, 결재에 들어가는 간단한 글쓰기 정도로만 생각한다. 그래서 글쓰기가 업무의 고민거리가 될 것으로 생각하지 않는다. 하지만 업무처리 방식도 시대의 영향을 받는다. 과거에 없던 새로운 보건 업무시스템으로 일하고 있다. 새로운 업무들도 생겼다. 예를 들어 미세먼지 관련 업무 같은 경우이다. 미세먼지를 교육청 안전 관리과 담당이라서 학교에서 안전을 담당하는 부서에서 처리하는 경우도 있지만, 미세먼지가 건강과 관련있다고 해서 보건교사가 주최가 되어 관리하는 경우도 있다. 사실, 건강과 관련되지 않은 것은 없다. 건강을 해칠 세균들이 있을 운동장 관리, 꽃가루를 유발하는 나무 관리도 건강과 관련 있다고 볼 수 있다. 만약, 그런 일까지 보건교사가 한다면 놓쳐서는 안 되는 중요한 일에 전념하지 못할 것이다. 학교의 건강과 직접적으로 관련 있는 업무 위주로 업무분장이 되어야 제대로 학교의 건강을 지켜낼 수 있다. 어찌하였던 미세먼지 관련 업무도 건강에 관심이 고조되고 있는 현시대를 반영한 새로운 업무가 되겠다. 비대면 상황이 많아지면서 건강 유지, 증대를 목적으로 하는 메시지 글 작성이 많아졌다.

보통 사람들은 말하기보다는 글쓰기를 더 어렵게 생각한다. 나도 예외가 아니었고 다른 보건교사도 비슷한 상황일 것이다. 그렇다고 말하기가 보건 교사에게 편한 것도 아니다. 남 앞에 서서 말하는 능력은 말하는 것이 일상이 되어야 점점 쉬워진다. 간호학을 전공한 사람들이 남 앞에 설 일이 뭐 그렇게 많았겠는가? 일반교사라면 강단에 서는 일이 일상사지만 보건교사는 교육보다는 건강관리를 우선시한다. 고등 보건교사와 달리 초등 보건교사는 수업을 하고 있다. 중학교와 고등학교는 아직까지 대학입학이 중요하기에 보건 교사가 수업을 하는 경우는 일부 학교를 제외하고 많지 않다. 나 또한 수업이 없었던 학교에 있었기 때문에 수업할 기회, 남 앞에서 말할 기회는 많지 않았다. 하지만, 나는 보건교사가 되기 전 '간호학원'에서 강사 생활을 1년 정도 했었고 그 것이 말하기에 대해서 어느 정도 자신감을 가질 수 있는 계기가 되었다. 하지만, 글쓰기는 아니었다. 글쓰기 정말, 어렵고도 어려운 것이었다. 아무리 짧은 글이라도 100명에 달하는 교직원들에게 글로 소통한다는 것은 처음 말하기를 익힐 때의 두근거리고 떨리는 마음을 그대로 또 경험하게 했다.

불편감은 성장을 위해서 반드시 수반되어야 할 감정이다. 불편한 감정을 피한다면 당장은 편할 수 있겠지만, 변화와 성장은 더디게 된다. 비대면의 시대적 환경에 적합한 성장을 한번 해보자고 다짐을 해보자. 보건교사가 메시지 글로 소통하는 상황들이 어려울 수 있지만, 이것이 오히려 좋은 기회라는 관점만 가진다면 얼마든지 글쓰기 역량을 키울 수 있다. 글쓰기도 말하기처럼 우리의 소통 수단이다. 말하기를 잘 못하더라도 우리는 크게 문제없이 서로 마음을 전하면서 살아간다. 물론 일할 때도 마찬가지이다. 그것처럼 글도 우리의 소통을 위한 하나의 수단일 뿐이다. 완벽히 잘하지 않아도 된다. 그저, 마음 편히 말하듯이 쓰면 된다는 것이다. 코로나19 시대 이전에는 말로도 모든 관계가 이루어지고 문제가 없었지만, 이제는 하나가 추가되어 글쓰기로도 가능하다는 것을 알게 되었다. 다만, 익숙하지 않아, 내 몸에 익혀야 하는 시간이 필요할 뿐이다. 적절한 방법을 찾아 글쓰기를 연습하면 될 것이다. 말하기처럼 편안하게 사용할 수 있도록 매일 글을 쓴다면 개인적인 삶은 물론, 학교 내 건강관리에서도 분명, 시너지 효과를 발휘하게 될 것이다. 글쓰기 처음에는 불편하더라도 그것은 처음이기 때문이라고 생각하자. 말을 잘하는 것도 노력해서 가능했듯이 잘 쓰는 것도 시간과 에너지를 조금씩 투자하면 가능해질 것이다.

메시지 전송 전, 수정 또 수정해라

"선생님, 선생님이 S 고등학교 보건 선생님이세요?"

카톡 메시지에 개인적 친분이 없는 보건교사로부터 메시지가 왔다. 보낸 사람은 우리 분과의 보건교사이다. 하지만, 난, 이분에 대해서 잘 알지 못하고 그전에 개인적인 대화를 나눈 적도 없었다. 메시지를 받자마자, '이 선생님이 왜 나한테 이런 메시지를 건넸을까?'라고 생각했고 도저히 감이 잡히지 않았다. 설상가상으로 '무슨 안 좋은 일이 있는 건가?'라는 생각까지 들었다. "네"라고 대답을 해놓고, 다음 메시지를 기다렸다. "선생님학교의 A 교사가 우리학교로 오신다고 하는데, 업무적으로 관련이 있을 것 같아, 어떤 분이신지 알고 싶어서 연락드렸습니다. 선생님." 이유를 알게 되었다. 그리고 보니, 이런 메시지는 이번이 처음은 아니었다. 체육 선생님으로 있던 분이 교감으로 승진하여 첫 교감으로 발령받은 학교의 보건 선생님이 나에게 메시지를 보냈다. 그분에 대해서 미리 알고 싶다고 했다. 그때도 오늘도 마찬가지로 나는 장점 위주로 답변을 해줬다. 단점이 없는 사람은 없다. 하지만, 우리가 안 좋은 선입견으로 세상을 대한다면, 우리의 시각대로 부정적인 일들이 일어날 수 있다고 생각한다. 아무리 악평을 받은 사람이라도, 상황이 바뀌면 변하고, 시간대에 따라서 또 어떻게 다른 모습이 될지도 모른다. 중요한 것은 그 사람의 행동을 평가하려고만 하기보다, 전체적인 상황들을 보고 통합적으로 판단하려는 노력이 필요한 것이다.

"그 선생님은 큰일에 강하신 분이세요. 코로나19 상황에서도 잠재역량을 발휘하시어 감염병 확산이란 교내 위기상황에서도 보건교사와 함께 슬기롭게 잘 대응하셨어요. 사사로운 부분에 있어서 실수도 있으시겠지만, 어찌하였던, 제가 생각하기에는 크게 무리없이 업무를 잘하셨습니다."

이런 답변을 들은 메시지 보낸 보건교사는 "감사합니다."라고 대답하고 대화를 마무리했다. 이렇게 새로운 사람이 온다고 했을 때, 학교에서 다수의 사람들이 그 사람에 대해서 알고 싶어한다. 어떤 품성의 소유자이며, 앞으로의 조직이 어떤 분위기가 될 것인지, 내 교직 생활에는 어떤 영향을 받을 것인지 가늠하려 한다. 미리 정보를 통해서 향후 업무에 참고하기 위함이다. 특히, 바뀌는 사람이 관리자라면 더욱 그 사람이 궁금하고 알고 싶은 마음이 클 것이다.

메시지 글을 쓸 때도 마찬가지로 미리 여러 번 확인하고 싶어진다. 글을 읽는 사람들에게 예의를 지켜 원활한 소통을 하기 위해 수정 또 수정한다. 글쓰기를 하면 할수록 수정의 가치를 깊이 느낀다. 우리가 발표할 때, 글을 써서 그것을 연습해서 발표하게 된다. 초안도 여러 번 수정이 필요하겠지만, 발표하는 말에 있어서도 처음할 때와 그 다음 할 때가 달라진다. 일단, 발표안에 대해서 머리에 저장이 되었고 그 다음에는 말을 어떻게 하면 청자 입장에서 이해하기 쉽도록 할 것인지 고민하면서 연습하니 자연스럽게 발표가 좋아진다. 여러 번 연습할수록 연습하는 횟수만큼 발표하는 것은 스스로도 만족스러워진다. 누군가에게 보이는 글도 마찬가지이다.

나는 5년 전부터 책을 출간하고 있다. 소소한 나의 일상, 생각들을 글로 쓰고 책으로 출간한다. 주로 새벽 시간에 글을 쓰고 주말에 전체적인 정리를 한다. 주제도 점점 다양해지고 있다. 첫 책은 독서법에 대한 것이었다. 늦은 육아와 힘든 직장생활을 경험하면서 살기 위해 책을 읽기 시작했다. 문제를 해결하기 위해 읽는 독서는 빠른 속도로 독서 습관을 형성했고 결국, 내가 읽는 책의 작가처럼, 나 또한 나의 경험과 생각들을 책으로 써서 나 같은 사람에게 도움이 되기를 바라는 마음으로 책 쓰기 시작했다. 우리가 쉽게 읽는 책들은 작가의 에너지, 시간, 모든 자원을 갈아 부은 결과물이란 것을 내가 책을 쓰고 나서 알게 되었다. 반복해서 수정하는 퇴고는 한, 두 번에 끝나지 않았다. 최소 10번 이상 퇴고를 했다. 그런데도 인간이 하는 일이라 또 수정할 것이 출간 후에 발견되기도 하지만, 그만큼 열과 성을 다해서 만드는 작품이 바로 출간한 한 권의 책인 것이다. 이런 작업을 통해서 나는 인내심을 키웠고 또 다른 놀라운 사실을 발견했다. 스스로 수정하는 작업은 글의 퀄리티를 확실히 높인다는 것이다. 퇴고는 사포질과 같다고 했다. 그 표현이 딱 맞다. 나무를 사포질할수록 매끄럽고 우아한 나무의 결이 드러나게 된다. 다듬고 다듬어 나무 고유의 멋스러운 문양을 얻어내게 된다. 반복적인 수정작업 또한 글을 매끄럽게 하고 공감하고 소통하는 멋진 글로 재탄생시켜준다.

직장에서 쓰는 메시지 글도 마찬가지로 수정, 또 수정하는 작업이 필요하다. 글을 읽는 사람은 글 쓰는 상황까지 고려하고 그 글을 받아들이진 않는다. 왜냐하면 그들도 바쁘기 때문이다. 빨리 메시지 글을 읽고 자신이 해야 할 일로 돌아가야 한다. 담임교사라면 글 읽는 순간에도 반 아이들이 찾아와 또 다른 문제 상황을 이야기한다. 간혹 아이들 간의 싸움이 일어나서 급히 중재를 해야 하는 경우도 있다. 잠시 짬 시간에 메시지 글을 읽는 경우가 대부분일 것이다. 그런데, 앞, 뒤 전후 사정 다 잘라버리고 친절하지도 않고 기분이 상하게 한 메시지 글을 봤을 때, 과연 글을 읽는 사람은 어떤 기분이 들겠는가? '그래, 보건 선생님이 얼마나 바쁘셨으면 이렇게 글을 쓰셨을까? 아구! 힘드시겠다.'라고 생각하는 교직원은 아마도 한 명도 없을 것이다. 메시지 글도 공식적인 글이다. 자신이 하는 전문적인 업무에 대해서 안내하거나 전문적인 의견을 제시하는 글이다. 오해가 생기지 않도록 최대한 수정, 또 수정해서 보내야 한다고 강조하고 싶다.

메시지 글의 반복적인 수정을 가능하게 하는 한가지는 숙성의 시간을 갖는 것이다. 수정하기 위해서 글을 써놓고 최소한 하루의 시간을 보내는 것이다. 시간을 갖는 것은 수정의 시간이기도 하고 생각의 시간이기도 하다. 우리의 생각은 하루에도 몇 번씩 변화한다. 감정상태, 상황, 기타 여러 변수가 있기 때문이다. 지금의 생각으로 어떤 메시지 글을 작성했다고 하더라도 하룻밤 지나고 다음 날이 되면 또 어떤 변수들이 작용할지 모른다. 가급적 보편적인 글을 보내는 것이 맞다. 지극히 개인적이어도 안 되겠고 너무 딱딱한 공식적인 글이 되어도 안 된다. 극과 극인 글 상태는 소통력을 떨어뜨린다. 그래서 나는 어떤 사소한 글이라도 하룻밤 묵혔다가 다시 확인한다. 글을 쓰고 다음 날이 되면 문득, 너무 자신을 낮춰서 쓴 글이라는 생각이 들 때도 있다. 사람의 심리를 잘 파악해서 글도 적어야 한다. 협조 부탁이나 요청일 때는 너무 저자세일 경우 부작용이 있다. 학교 건강을 위해 나는 공적인 업무를 처리하는 보건 전문가이기 때문에 당당하며 확신에 찬 태도가 묻어나는 글을 써야 한다. 강약 조정이 글에서도 필요한 것이다. 원활한 협조와 건강관리가 가능할 수 있도록 때론 강하게 때론 부드럽게 메시지 글의 목적에 따라서 조절하면서 글을 작성하는 것이 필요하다. 하룻밤만 숙성시켜도 그 글에 대해 제대로 평가해서 읽는 교직원들에게 적극적인 액션이 가능한 메시지를 보낼 수 있다.

교내에 전달하는 메시지 글도 공식적인 글이다. 짧지만 글쓰기의 형식을 잘 갖추어야 할 글인 것이다. 수정은 반드시 필요하다. 여러 번 읽고 수정하고 또 수정해야 한다. 책 쓰기에서도 그냥 출간되는 책은 세상에 없다. 반복해서 퇴고해서 결국, 독자들이 편하게 읽고 공감할 수 있게끔 출간한다. 놀라운 것은 수정할 때마다 글은 점점 긍정적인 모습으로 변화된다. 좀 더 부드럽고 예의를 갖춘 누구나 읽어도 거부감이 없는 글이 된다. 그래서, 아무리 글을 못 쓴다고 생각하더라도 글 쓰는 데는 문제가 없다. 수정하면 되기 때문이다. 그래서 누구나 책을 쓰는 시대가 되었다. 메시지 글쓰기도 마찬가지이다. 메시지 글 쓰고 바로 전 교직원들에게 뿌릴 것이 아니라 하룻밤은 숙성을 시킨다. 숙성시키는 사이, 변수들도 생기고 어제와 다른 나의 마음을 반영하여 그 글을 수정할 수 있다. 좀 더 소통력이 높아지는 글이 되는 것이다. 말의 실수도 깊이 생각하지 않고 감정적으로 말할 때 생기는 것처럼, 글도 숙성 기간 없이 급히 작성하고 바로 보낼 때 생긴다고 볼 수 있다. 짧은 메시지 글이라고 간단히 생각하지 말고, 이 메시 글이 보건 업무 성과를 높이고 학교의 건강을 유지, 증진하는데 큰 역할을 한다는 생각으로 수정, 또 수정하여 보내시길 권한다.

메시지 하나에 울고 웃는 교사들

———————————

　어제는 오후 3시에 퇴근했다. 학교에서 태풍 '카눈'의 대비를 위해 단축수업을 했다. 고등학교라 보통 50분 수업인데, 15분이나 단축을 하여 35분 수업을 진행했다. 처음 메시지를 받았을 때, '아, 태풍이 얼마나 거대하기에 태풍 때문에 단축 수업도 하네!'라는 생각이 들었다. 그동안 교직에 있으면서 태풍으로 인해 단축수업을 한 경우는 없었던 것 같다. 교무부장으로부터 메시지를 받는 순간 인터넷 뉴스를 검색해보았다. 태풍이 밤 9시쯤 서울을 지나간다는 사진이 보였다. 하지만 그 전부터 태풍의 영향권에 들기 때문에 미리 단축수업을 통해서 만반의 준비를 한다는 액션이었다. 그 당시에도 비는 오고 있었다. 단축수업을 하니, 마음가짐이 달라졌다. 내 아이들도 챙겨야겠다는 생각이 들었다. 저녁 5시 이후에 학원을 가는 아이들은 어떻게 해야 하나? 생각했다. 하지만 아직 비도 거세지 않고 잔잔한 수준인데, 좀 더 지켜보자고 생각했다.

확실히 태풍이란 예측 불허한 자연 위기 상황에서 메시지를 받고 보니, 더욱 긴장되었다. 긴장과 함께, 어떻게 대처해야 하나? 학교 일부터, 집안일까지, 하나하나 되짚어보게 된다. 메시지의 영향이다. 방송 안내보다는 메시지를 통해서 받으니, 더욱 깊이 생각하게 된다. 단축수업도 한다는 메시지가 없었다면 '아, 이번에도 태풍이 잘 넘어가겠지?'라는 안일한 생각으로 그냥 다소 무관심하지 않았을까 생각해봤다. 위기상황을 대비하는데 있어서 메시지 하나의 효과는 역시 큰 것이었다.

나는 메시지 하나 보냈다가 날 벼락같은 전화를 받은 적이 있었다. 지금도 그때를 생각하면 그렇게 화를 내게 한 메시지였을까? 의아해지는데, 또 한편으로는 이해가 되기도 한다. 코로나19 상황이 한참 심각했을 2021년. 휴직 후 4년 만에 복직한 해였다. 나는 복직하자마자 코로나19 대응으로 정신없이 바빴다. 그 당시에는 코로나 대응이 가장 중요한 업무가 되어 보건의 평상시 업무는 항상 후 순위였다. 교직원들의 의무연수인 심폐소생술도 교육부 차원에서 연기되었다. 하물며 학교 단위에서는 더욱 코로나 19 대응이 중요했다. 코로나19 학교 내 전파를 최대한 예방하기 위해 예방 접종률을 조사하게 되었다. 나는 각반 담임교사에게 협조를 부탁한다는 내용과 함께, 반의 예방접종 완료한 학생의 명단을 조사해달라고 메시지를 보냈다. 이 메시지를 보낸 후 5분 도 채 지나지 않아 한 교사가 전화를 했다.

"선생님, 담임선생님들이 얼마나 바쁜 줄 아세요? 예방 접종한 학생들까지 일일이 조사해서 보고해야 하나요?"라며 그야말로 입에 거품을 물고 전화하는 듯한 목소리였다. 당시, 나는 학생과 상담을 하고 있는 상황이었는데, '이 무슨 날 벼락같은 소리인가?' 당황스러웠다. 그래서 일단은 전화한 사람을 진정시켜야 하겠다는 생각으로 말했다. "선생님, 알겠어요. 좀 있다 다시 통화해요. 지금 학생과 이야기 중입니다."라며 전화를 끊었다. 한참 흥분해서 전화통을 붙들고 이야기하던 그 교사는 억지로 전화를 끊었다. 학생을 보내놓고, 나는 생각했다. '반 학생의 예방접종 상황 조사 협조가 그렇게 담임에게 부담이 되었나? 명렬표 하나 출력해서 학생들에게 돌리면서 기록하라고 하면 간단하지 않는가?' 하는 생각이 들었다. 그런 생각을 하고 있는 차에 메시지 하나가 도착했다. 아까 그 교사였다. 메시지 내용은 구구절절 쓰여 있었다. 결론은 미안하다는 내용이다. 하지만, 그런 것까지 하기에는 담임교사가 할 일이 너무 많다는 것이다. 그리고 그 교사의 메시지 내용 중에 "선생님에게 상처를 줘서 미안합니다."였다. 누가 누구에게 상처를 주었다는 이야기인가? 상처받았다고 내가 이야기하지도 않았는데 혼자서 상처를 주었다고 글로 말하는 것이다. 그럼, 자신의 행동에 대해서 심했다고 생각한다고 추측할 수 있는데, 참 어이가 없었다. 한마디로 자신의 감정에 충실했고 타인은 자신의 감정받이의 역할을 했다는 것을 스스로 인정하는 모양새이다.

메시지로 인해 업무에 부담감을 느낄 경우에도 조금은 객관적일 필요는 있다. 담임으로서 역할이 많다고 하더라도 코로나19의 위기 상황에서는 감정을 조금은 자제했어야 하지 않았을까 생각한다. 일이 어렵고 쉬움도 스스로 생각하기 나름이다. 담임교사가 아닌 내가 생각하더라도 명렬표를 돌렸다면 학생들이 기록하고 어렵지 않게 예방 접종률이 파악되었을 텐데, 너무 부담을 가진 것 같다. 교사의 성격유형에 따라 다를 것이다. 같은 메시지라도 이렇게 예민하게 받아들이기도 한다. 아마도 그 교사는 일 처리를 완벽하게 하는 완벽주의자일 수도 있다. 대충 일을 하지 못하는 사람인 것이다. 그저, 완벽히 하지 않아도 되는 일까지 완벽을 추구하기 때문에 일들에 예민하고 과민반응을 보일 수도 있는 것이다. 본인이 가장 힘들어진다. 매사가 그렇게 예민하고 스트레스를 받을 수 있기 때문이다. 모든 교사가 예방 접종률 조사에 다 그렇게 생각하진 않았을 것이라 판단한다. 지금은 코로나가 지나가 안정권 상태이지만, 그 당시 사실, 가장 지치고 힘든 교사는 어쩌면 보건교사이지 않을까 생각한다. 그 교사가 이런 부분을 염두에 두고 좀 더 신중했으면 하는 아쉬움이 있다. 보건교사도 메시지를 보낼 때, 이렇게 일로 인해 힘들어하는 교사도 있을 수 있음을 알고 가급적 주의해서 보내는 것이 필요하겠다.

〈교직원 1인 1팩, 물티슈 배부〉

안녕하세요
요즘 감기가 여전히 기승을 부리고 있습니다.
건강관리에 특별히 유의하시길 바라며
모든 감염병의 원인인
손 관리에 도움이 되시도록
물티슈를 배부하고자 합니다.

교직원 1인당 1팩씩,
방역 샘께서 오늘부터 부서별로 배부해드리겠습니다.

오늘도 행복한 하루 선택하세요.

이런 메시지에는 교직원들 마음이 훈훈해진다. 비록, 물티슈 하나의 작은 배부이지만, 어찌하였든, 기분 좋은 메시지이다. 복직 후 코로나 대응으로 정신없었지만 조금씩 학교의 분위기와 업무 흐름에 익숙해지고 노하우도 하나씩 늘고 있다. 보건교사는 전 교직원과 전학생을 대상으로 일을 하는 경우가 대부분이다. 보건 이란 업무의 어쩔 수 없는 특성이다. 담임교사가 30명 이내의 학생을 대상으로 일을 한다면 보건교사는 30학급 전체와 교직원, 대략, 800, 900명을 대상으로 일한다. 학급 수가 늘어나는 대상 인구는 더 많아진다. 학교 내 건강 유지와 증진을 위해 이것저것 어떻게 해야 한다는 안내메시지도 필요하지만 가끔씩 기분 좋은 메시지도 보내야 한다는 것을 알게 되었다. "채찍과 당근" 적절한 표현인지는 모르겠지만, 업무안내가 채찍이라면 이런 작은 선물과 같은 당근도 필요하다는 것이다. 그래서 방역물품으로 내려오는 예산으로 코로나19 예방 차원의 개인적인 배부도 간혹 한다. 마스크도 배부하고, 기타 소독 티슈가 아닌 물티슈도 배부한다. 감염병 관리 예방에 손 관리만큼 중요한 것이 없기에 얼마든지 아이디어를 내서 손 관리용 물품을 개인용으로 배부할 수 있다.

　메시지 하나에 울고 웃는 교사들, 보건교사의 입장에서 학교 건강관리와 감염병 예방을 위해서 메시지를 보내지만, 담임교사 포함, 다른 교사들은 해야 할 일들이란 생각을 할 수 있다. 전체 학교의 건강을 위해 어쩔 수 없는 일이지만 교사들은 예민할 수가 있다는 것이다. 일반교사의 입장을 생각해 보고, 메시지를 보낼 때도 주의해서 보내야 한다. 부담을 주는 일이라면 최대한 감정적으로라도 마음이 누그러질 수 있도록 메시지 글을 잘 다듬어서 보내도록 노력해야겠다. 가끔, 메시지 글을 받자마자 전화해서 자신의 화를 푸는 교사들도 있지만, 그들도 그러고 싶어서 그런 것은 아닐 것이다. 자신의 한계점에 도달했기 때문에 금방 후회할 행동을 하는 것이다. 그렇게 이해하면 자존심이 상할 이유가 없다. 그런 일로 보건교사 스스로 자신을 비하하는 행위는 절대 하면 안 되겠다. "감히, 나에게 저런 식으로 행동하다니. 사람을 어떻게 보고…" 두고두고 생각하며 마음의 상처를 스스로 받지 말아야겠다. 행동을 보고 교사들의 성향과 성격을 파악하면 된다. 그 한 사람 때문에 꼭 필요한 건강관리 협조 메시지를 안 보낼 수는 없는 것이다. 다행스럽게 그렇게 한번 행동한 교사들은 다음에는 자제하는 모습을 보인다. 교사 집단이기에 스스로 뒤돌아보고 반성하는 능력이 탁월하다. 글이 불편감을 조장하는 매개물이 되지 않도록 노력해보자. 말보다는 어쩌면 더 조심스럽게 보내야 할 것이지 않을까 생각한다. 메시지로 우울해지는 교직원이 발생하지 않도록 주의하자.

메시지 전송에도 원칙이 있다

———————

글을 쓸 때, 가장 기본적인 형식은 서론-본론-결론이다. 3문장을 쓸 때도 각 문장은 서론-본론-결론이 된다. 예를 들어서, "나는 책을 읽을 것이다. 왜냐하면 책을 읽음으로써 아이디어를 얻고 긍정적인 에너지도 받을 수 있기 때문이다. 그래서 나는 바쁘지만 오늘도 한 페이지라도 읽기 위해 책을 펼쳤다." 딱 3문장이다. 여기에서 서론-본론-결론의 형식을 갖추어서 썼다. 말을 할 때도 마찬가지이다. 종이에 쓰면 글이지만 내 목소리를 통해서 그 내용을 내보내면 그것이 말인 것이다. 손가락을 움직여 자판이나 연필로 글을 쓰는 것이나 말을 하는 것이나 형식은 같다. 바로 서론-본론-결론으로 쓰면 된다. 글쓰기 형식을 지키지 않고 자기식대로 쓸 수도 있다. 하지만, 이 형식을 활용하면 전달력이 더 좋아진다. 가끔, 말하는 것이나 글이 횡설수설하였다는 느낌을 받는다면 이런 형식이 없이 말하거나 글을 써서 그럴 수 있다. 형식을 사용한다는 원칙은 수많은 시행착오를 거쳐 원칙으로 정해진 것이기 때문에 원칙을 삶에 활용한다면 여러 가지 면에서 효과적이라고 할 수 있겠다. 학교 내 메시지 전송에서도 원칙이 있다.

학교 안에서 보건 업무를 할 때, 메시지는 수시로 보내게 된다. 메시지 전송의 시스템이 잘 갖추어져 감사하다는 생각이 들 정도다. 보건에서 보내는 메시지 외에 많은 메시지 전송이 교직원 상호 간에 주고받는다. 꼭 필요하면서 반복적으로 인지시켜야 할 부분을 메시지로 보내게 되는데, 나름 원칙을 가지고 보내야 함을 업무 연차가 쌓일수록 깨닫는다. 메시지 전송 나름의 원칙을 정하고 그 원칙에 따라서 보낸다면 효과적이다. 그리고 다른 교직원에게 부담을 줄이면서 일 처리할 수 있다.

직장에서 가장 부담을 느끼는 때가 월요일이나 휴가 후 복귀 시간대이다. 학교에는 방학이 있어서 학생뿐 아니라 교직원들도 좋다. 방학이 있기에 교직 생활을 잘 유지할 수 있다고 우스갯

소리로 이야기한다. 방학이 교사들에게도 사막의 오아시스와 같다. 아이들만 방학을 기다리는 것이 아니라 교사들도 방학을 기다린다. 재충전이 필요하기 때문이다. 학생들의 인권이 강해지면서 상대적으로 교사의 인권은 침해받을 때가 많아졌고 교직생활은 어려움에 처해졌다. 얼마 전에는 서울 초등학교에서 교사 2년 차인 여교사가 스스로 생을 마감했다. 정말 가슴 아픈 일이다. 초등학교에서 학생들이 어린 관계로, 다양한 문제들이 발생하고 있다. 아이들이 어린 만큼, 교실 내에서 장난도 많이 치고 사고로 다치는 경우도 많을 것이다. 어쩔 수 없는 일들이고 아이이기 때문에 안 일어날 수 없는 일들이다. 커 가는 과정에서 당연히 있는 일들이고 그것을 통해서 아이들은 성숙한 사회인으로 자라난다는 것을 인정했다면 장난으로 아이들의 얼굴에 찰과상이 생겼다 했더라도 불같이 화를 내고 학교를 찾아 담임교사에게 화를 내고 반복적으로 힘들게 하지 않았을 것이다. 정말 아쉽고 안타까운 일이다. 만약, 신규교사가 아니고 노련한 경륜이 쌓인 교사라면 상황이 어땠을까? 하는 생각이 들지만, 최근에는 경력이 있는 교사들도 힘듦을 극복하지 못한 경우도 발생하고 있다. 죽고 싶을 만큼, 교직 생활이 힘들었다는 것이다. 학교와 관련된 모든 구성원이 반성하고 대책을 강구해야 할 사안이지 않나 생각한다. 최대한 교사 간이라도 부담을 주지 않기 위해 메시지 하나 보낼 때도 신경을 써야겠다. 가장 부담이 되는 시점에는 메시지를 보낼 때도 나름 고심해서 보내게 된다. 그래서 나는 메시지 전송 원칙들을 정해두었다. 그 원칙은 다음과 같다.

첫째, 월요일 오전에는 메시지를 보내지 않는다.

월요일은 한주의 첫날이다. 적응하는 날이라고 생각하면 좋겠다. 고유의 업무를 하면서 워밍업을 시키는 날로 생각하고 나 자신뿐 아니라 타인의 이런 마음도 존중해서 메시지 전송은 가급적 자제한다. 월요일 오전 시간은 나만의 시작을 위한 의식을 치른다고 생각하고 하루를 보낸다. 하지만, 보건실은 그것이 잘되지 않는다. 일반 병원처럼, 보건실의 월요일은 많은 아이가 방문한다. 이유인즉, 주말에 아팠지만, 병원을 가면 응급실을 가야 해서 웬만하면 참다가 등교해서 보건실을 찾기 때문이다. 오히려 보건교사는 본연의 업무인 처치가 마음을 편안하게 한다. 머리 쓰는 일보다는 몸으로 하는 이 일이 긴장을 낮추는 데는 좋다. 메시지도 되도록 보내지 않는다. 내가 월요일을 천천히 시작하고 싶은 마음이 있듯이 다른 교직원도 마찬가지일 것으로 생각한다. 그런데, 그런 마음에 반하는 메시지를 받는다면 어떻겠는가? 효과는 물론이거니와 1주일이 막막해지지 않을까 염려스러워진다. 어찌하였든, 처음에는 서서히 시작함이 좋고 그런 측면에서 메시지는 급한 것이 아니면 월요일은 될 수 있으면 보내지 않는다.

둘째, 하루에 1회 이상 메시지를 보내지 않는다.

특정부서에서 여러 번 메시지를 보내오면 나 자신도 자세히 읽지 않는다. 부서별의 특성상 자주 보낼 수밖에 없을 경우라도 '왜 또 보냈을까?'하는 마음이 생긴다. 교무부같은 경우는 학사 운영이나 기타 시험과 관련해서 메시지 보낼 일이 많다. 중요한 메시지들이다. 그래서 교무부에서 오는 메시지는 주의 깊게 읽는다. 아마도 코로나19 상황에서 보건의 메시지도 평상시 교무부의 메시지처럼 유의해서 읽을 것으로 생각한다. 그렇다 하더라도 하루에 1회 이상 보내는 것은 자제하는 것이 좋다. 90명의 교직원이 있는데, 교직원이 1회씩만 메시지를 보내면 하루 90개의 메시지가 넘는다. 메시지 폭탄으로 메시지 읽느라고 하루해야 할 일을 못 할 수 있다. 업무에 막대한 지장을 초래한다. 그래서 꼭 필요한 메시지, 중요한 메시지 1회만 보낸다. 그것이 더 효과적이다. 하루 1회 이상 보내는 것이 자주 반복되다 보면 아무래도 나의 메시지 힘이 약해진다는 사실도 기억해야겠다.

셋째, 일부 교직원만이 읽어야 할 내용을 전체 메시지로 보낼 때, 해당자 교직원을 먼저 알려주어 그 사람만 읽도록 한다.

90명의 교직원 중 일부에게만 전달하는 메시지가 있다. 전체가 아니고 일부일 때, 부서도 섞여 있고 일일이 한 명씩 찾기가 어렵다. 일은 바쁜데 신속히 알려주어야 한다거나 여유가 없을 때, 전송하기 쉬운 전체 메시지로 보내면서 읽어야 하는 사람들을 먼저 알려준다. 처음에는 이 방법을 잘 몰랐다. 그래서 일일이 해당자를 찾아서 그 사람에게만 보내주는데 시간이 너무 걸려서 다른 업무를 못했다. 지금은 전체 메시지로 보내고 메시지 첫 문장에 읽을 해당자를 적어주는 방식으로 한다. 예를 들어서, "이 메시지는 2, 3학년 결핵 검사를 할 때, 학생과 함께 검사를 받고자 하는 교직원께서만 읽어 주세요."라고 먼저 안내하고 전달할 내용을 적어서 보냈다. 이왕이면 이 부분의 글자 색을 빨강 색으로 바꾼다거나 해서 눈에 잘 띄게 한다.

메시지 전송 원칙은 거창하지 않다. 월요일 오전에는 메시지를 보내지 않고 되도록 하루 최대 1회 이상 보내는 것은 자제한다. 그리고 일부 교직원에게만 전달하는 메시지일 경우 보내기 쉬운 전체 메시지 전송을 활용하되 메시지를 읽을 대상자를 먼저 알려주어 그 사람만 읽을 수 있도록 한다. 해당이 안 되는 사람은 바로 패스하여 시간을 벌 수 있도록 한다. 지극히 평범하면서 소소하게 느껴지는 원칙이지만 이 3가지는 업무의 성과를 높이는데 큰 영향을 미칠 것이다. 직장에서 사람의 관계도 개인적 관계와 비슷하다. 작은 배려가 결국 직장에서 사람의 마음을 잃지 않고 더 큰 일을 함께 할 수 있는 원동력을 마련한다. 예민한 시기나 일의 능률이 떨어지는 시간대에 때론 일처럼 느껴지는 메시지를 이런 원칙에 맞추어 보낸다면 보건 업무는 훨씬 부담을 주지않아서 순리에 맞게 술술 이루어지리라 생각한다.

전, 중, 후로 시차를 두고 메시지 보내라

————————————

건강검진 당일에는 메시지를 여러 번 보낸다. 시작하기 전부터 검진 중간중간과 검진이 다 마무리된 이후까지 차례대로 메시지를 전 교직원에게 보낸다. 학교에서 소통은 중요하다. 혼자서 할 수 있는 일은 학교에 없기 때문이다. 보건 업무는 더욱 그렇다. 검진은 주로 수업 중에 이루어지기 때문에 교과교사의 협조가 있어야 한다. 담임교사와도 긴밀한 협조가 요구된다. 예를 들어 고등학교 1학년의 병원 출장검진을 시행한다고 가정해 보자. 고1 병원 검진은 의무사항이라 약식으로 하는 학교 검진이 아니라 반드시 병원의 전문 의료진의 검진이 필요하다. 주로 학생이 병원을 방문하는데, 감염병 상황이나 기타 자연재해가 있을 경우에는 병원에서 학교로 검진을 나오는 출장 검진이 가능하다. 출장 검진을 하려면 강당 내에 과별 부스 준비하는 것부터 담임 교사의 도움이 필요하다. 부스별 의자와 책상을 설치해 두기 위해, 보건교사 혼자서는 할 수 없기에 학생 책, 걸상 이동 도우미를 담임교사에게 요청한다. 물론 끝나면 감사함의 작은 선물도 하나씩 챙겨준다는 부분을 미리 이야기해준다. 이때는 검진 전에 메시지로 보낸다. 그리고 당일은 반 순서대로 강당으로 학생들이 이동해야 하기에 수시로 강당의 병원 담당자와 핸드폰으로 소통하면서 1학년부로 메시지를 보낸다. 보건교사는 1학년 학생 외에 2, 3학년 중 보건실을 찾는 학생을 돌보면서 검진 추진해야 하기에 바쁘다. 검진이 잘 마무리되고 나면 검진 종료에 대한 안내와 협조에 대한 감사의 메시지를 또 보낸다. 이렇게 전, 중, 후로 나누어 메시지를 전 교직원에게 보내면서, 보건교사는 검진하는 날에는 눈코 뜰 새 없이 바쁜 시간을 보내게 된다. 그래도 검진이 아주 많은 것은 아니니, 무탈하게 검진 잘 끝나기를 바라면서 바쁜 줄도 모르고 시간은 지나간다.

전, 중, 후로 나누어서 메시지를 보내는 것은 교사들이 학교 검진 상황을 기억해서 참고하게 하려고 보내는 목적도 있다. 더군다나 아주 바쁜 상황에서 내 일부터 하게 된다. 다른 부서의 일들은 잊어버리기 쉽다. 그렇기에 기억을 상기해 주고 원활하게 검진이 이루어지도록 한다. 다른 보건업무를 할 때도 반드시 시차를 두고 전, 중, 후로 나누어서 메시지를 보내는 것이 필요한 것이다.

〈건강조사서 관련 협조 요청〉

건강조사 설문 양식지를 학년 교무실 각반 함에 넣어두었습니다.
담임선생님께서는 월요일까지 설문지 취합되는 대로 보건실로 제출하여 주시길 바랍니다.

3월 가장 먼저 시행하는 보건 업무가 아마도 전교생 요양호 학생 파악일 것이다. 설문지는 방학 기간에 준비해서 3월 개학과 동시에 바로 등사하여 반별 함에 넣어둔다. 왜냐하면 아날로그식 설문지라 담임교사가 나누어주고 학생들이 부모와 함께 작성하고 다시 담임교사에게 제출하는데는 시간이 걸리기에 하루라도 빨리 배부한다. 건강조사서를 구글 폼으로 조사하면 안 되나 그런 건의도 있었으나, 요양호자 파악은 아날로그방식이 좀 더 효과적이고 누락 인원도 줄일 수 있어서 좋다. 효과적인 이유는 설문지를 보면서 중요한 부분을 설문지에 바로 작성하면서 면담을 할 수 있기 때문이다. 굳이, 따로 해도 상관없다고 한다면 다른 방식으로 건강조사를 할 수도 있겠지만 나는 이 방법이 면담뿐아니라 나중에 급히 자료가 필요할 때 면담한 메모까지 확인할 수 있어 유익하다는 생각이다. 건강조사도 본인이 그 학교에서 시스템을 만들기 마련이다. 아날로그든 온라인 조사든, 나만의 업무처리 방식으로 만들면 된다. 아직은 아날로그식으로 건강조사를 하는 학교가 많다는 점도 참고하면 될 것이다.

요양호학생 조사를 시작하면 등사가 끝나면 교무실의 반별 함에 양식지를 먼저 넣어둔다. 그리고 메시지를 보낸다. 요양호자 파악을 시작한다는 메시지이다. 대부분 교사는 연초에 학생들의 건강 상태를 알고 싶어한다. 특별히, 주의 해야 할 학생이 있는지 궁금해한다. 그래서 이 조사를 한다는 것을 대부분은 다 인지를 하고 있으며 협조도 잘 되고 있다. 학생 건강 상태 파악은 교사 본인의 교육활동에 꼭 참고해야 할 중요한 자료이기 때문에 요양호자 선정이 늦어질 경우, 문의하는 경우도 있다. 시간을 두고 순서대로 요양호학생 파악을 진행하면 될 것이다.

〈전교생 요양호자 파악을 위한 건강조사 설문지 배부 및 회수〉

안녕하세요~
2가지 협조 부탁드립니다.

1. 학생들 건강조사서는 금일 퇴청 전까지 제출해 주세요.

2. 다음 주부터 학생건강상담 진행 예정으로 건강 면담 필요한 학생 명단을 화요일쯤 올릴 예정입니다. 반별 해당 학생들은 점심 식사 후 보건실에 방문할 수 있도록 지도 부탁드립니다.

3. 담임선생님이 판단하시기에 특별히, 건강 면담을 자세히 할 필요가 있다고 판단하는 학생은 설문지를 접어서 보내주시면 참고가 되겠습니다.

오늘도 행복한 하루 보내세요

요양호자 파악의 기간은 대략 3월 내내라고 잠정적으로 생각하면 된다. 1달 정도 기간이 걸린다고 생각하면 맞을 것이다. 면담해야 할 학생 수가 많아질수록 시간은 더 걸리게 되어 있다. 무슨 일을 해도 마찬가지이다. 요양호자는 전교생 학생을 대상으로 담임교사들의 협조로 이루어지는 업무이다. 학생에 따라 바로 건강조사서를 제출하는 학생이 있는가 하면 마지막까지 내지 않는 학생들이 있다. 이유는 다양하다. 아이들이 요즘 너무 바쁘기에 잘 챙기지 못하는 경우가 있다. 교사 중에서도 일의 우선순위가 다르기에 요양호자 파악을 적극적으로 강조하지 않을 수 있다. 사실, 강요한다고 해서 머리 다 큰 고등학생이 "네 알겠습니다."라며 움직이지 않는다. 부드럽게 그리고 순리대로 하는 것이 최선이라는 것을 경력이 쌓일수록 스스로 깨닫게 된다. 교사마다 일처리하는 것을 적극적으로 존중하면서 보건 업무를 해야 한다.

내 기준에 맞지 않는다고 다급하게 강요한다거나 해서는 안 된다. 늦게 제출한다고 비협조적이라고 비판을 해서도 안 된다. 그런 부정적인 마음은 더 잘 전달된다. 그들은 그들대로 최선을 다하고 있다. 다만 그 모습이 내 눈에 안 보일 뿐이라고 생각하자.

위의 메시지 중에서 3번의 내용, 즉, "담임선생님이 판단하시기에 특별히, 건강 면담이 자세히 필요한 학생은 설문지를 접어서 보내주시면 참고가 되겠습니다."은 생략해도 좋으나 굳이 나는 메시지에 넣는다. 그 이유는 반 아이들의 상태를 가장 잘 알아야 할 교사가 바로 담임교사이기 때문이다. 건강조사서에 모든 내용이 다 들어있지는 않지만 그래도 원본의 자료를 보고 그 학생을 담임교사가 한번은 파악할 필요성이 있다. 나중에 잊지 않는 계기가 될 뿐 아니라, 만일의 사태에 적극적으로 대응할 수 있다. 예를 들어서 부모가 정성 들여 써놓은 건강의 특이 사항 부분이 있다. "우리 아이는 폐동맥성 고혈압환자입니다. 폐동맥에 문제가 있어서 약을 복용하고 있는데 자주 어지럽고 힘들어하는데 잘 관찰 부탁드립니다." 이런 내용이 있다면 담임교사는 특별히 메모를 하고 그 학생을 잘 관찰해야 한다. 그래야, 담임교사도 자신을 보호하게 되며 학생의 보호는 말할 것도 없다. 그래도 그 학생과 가장 가까이에 있는 교사가 담임교사이기에 담임이 반 건강조사서를 꼼꼼히 보고 보건교사 면담이 필요한 경우 접어서 제출함이 필요한 것이다. 이런 면을 잘 이해한 교사라면 충분히 그렇게 한다, 그것에 대해서 이견은 특별히 없고, 깊이 있는 면담이 필요한 아이들은 담임교사가 접어서 제출한다.

반에 어떤 학생이 모였느냐에 따라 반 분위기가 다르듯이, 학교에 어떤 교사들이 모였느냐에 따라 학교 분위기가 다르다. 물론, 관리자의 성향이 학교 분위기에 가장 큰 영향을 미친다고도 한다. 하지만, 지금은 모인 교사들의 성향과 스타일에 따라 학교가 달라진다. 발언에 주저하지 않는 단체의 교사들이 많다면 아무래도 할 말은 하는 상황들이 된다. 그래서 3번 메시지를 전달했을 때, 전화로 이런 제의를 한 사람이 있었다. "그래도 보건 선생님이 건강에 전문가인데, 왜 담임교사한테 건강조사서를 확인하고 접어두라고 하나요? 이것은 보건 선생님의 일이지 않나요?" 나중에는 나의 설명을 듣고 이해를 하고 수용을 했지만, 그런 생각을 하는 교사도 가끔 있을 수 있으니, 최대한 그 취지를 잘 이해할 수 있게끔 메시지를 작성해야겠다. 내 메시지를 받는 사람의 성향을 고려해서 메시지가 작성되어야 함은 말을 할 때와 같은 원리이다.

메시지도 시차를 두고 보내야 함이 맞다. 한꺼번에 너무 많은 내용을 전달하면 부담스럽기 때문이다. 하나의 보건 업무에도 최소 1회 이상의 메시지를 보내야 하고, 나누어서 보내는 것이 효과적이다. 요양호 학생 파악 설문지를 보내는 업무의 시작 즈음에는 시간이 1달 정도 걸리는 일인 만큼, 여유를 가지고 시작을 알리는 메시지부터 보낸다. 요양호자 건강조사서를 반별함에 넣었다는 메시지와 함께, 중간중간, 이것에 대한 메시지를 보낸다. 요양호자 선정의 보건 업무과정을 정리해보자면, 건강조사서 가정통신문 반별함에 배부-회신문 회신 독려 메시지-보건실 제출 독려 메시지-면담 학생 명단 안내메시지-요양호자 선정 후 전 교직원에게 공유메시지이다. 메시지 한 번으로 보건 업무는 이루어지지 않는다. 이렇게 여러 번에 걸쳐서 메시지는 보내야 함을 다시 한번 기억하자. 요양호자 파악 업무 외에 다양한 보건 업무를 할 때도 마찬가지. 꼭 여러 번 나누어서 메시지를 보낼 수 있도록 하자.

메시지 쓰기에 익숙해져라

———————————

개학하고 딱 일주일이 지났다. 개학 첫날은 교사도 학생처럼, 개학 날이 싫고 부담스럽다. 방학 때는 학교로부터 최대한 멀리 떠나고 싶어 한다. 학교에서 오는 문자 메시지도 보고 싶지 않을 정도다. 학교 일은 완전히 잊어버리고 맘껏 충전하고 싶은 마음이 강하다. 그러다가 방학을 끝내고 출근을 해야 할 때, 충전은 부족하고 부담감이 엄습해온다. 얼마나 충전해야 이런 심리가 없어질 것인가? 아마도 100% 완충은 불가능할 것이다. 그것은 에너지 충전의 문제가 아니기 때문이다. 교사 입장에서 학교도 하나의 직장이기 때문에 직장에 대한 마음이다. 그래서 개학 첫 날은 워밍업한다고 생각하고 서서히 여유롭게 시작하면 된다.

개학 날, 나는 업무보다는 업무 외적인 일, 크게 부담되지 않는 일부터 시작한다. 청소하기, 보건실 찾는 아이들 처치하기, 가벼운 짐 정리하기, 기타 등이다. 그리고 보니, 머리보다는 몸을 사용하는 일이다. 단순한 몸 사용하는 일이 마음을 편하게 한다. 청소는 주로 무음 무취 소독제로 바닥에 이리저리 흩뿌려 마른 대걸레로 닦는다. 그 전에 3M 부직포로 구석구석 쌓인 먼지를 제거했다. 부직포는 정말 유익하다. 청소도 쉽고 먼지도 부직포에 잘 달라붙어 마음까지 개운해지는 듯 해 수시로 사용한다. 이 부직포 청소도구는 내가 아끼는 도구이다. 개학 첫 날에도 아이들은 참새가 방앗간 들리듯 모여든다. 조금 까진 상처를 가지고 아주 큰 일이 난 듯이 "선생님." 하면서 뛰어온다. 고등학생이 이러니, 초등학생은 더 정신없을 것이다. 정성껏 처치를 해 주고는 항상 "조심해라"라는 말을 잊지 않는다. 코로나19 방역물품으로 아직, 보건실 한쪽에 쌓여 있는 박스 짐들, 많이 소비되었긴 해도 여전히 대형 박스들이 천장을 향해 쌓여 있다. 대충, 보이지 않도록 다시 정리하면서 보건 업무에 적응해나간다. 스스로 하루 업무의 환경을 정해두고 조금씩 적응해가는 의식은 한보 더 뜀박질하기 위한 준비 운동과 같다. 그렇게 서서히 시작하면 어느 순간, 아이들도, 보건실도, 학교도 익숙해진다.

메시지 쓰기에 있어서도 이런 비법이 필요하다. 특히, 글쓰기에 자신 없다고 스스로 글쓰기를 옆으로 치워두고 글쓰기와 무관한 삶을 살았다면 더욱 그렇다. 책 쓰기를 희망하는 사람들은 많다. 책 쓰기도 글쓰기의 일부이다. 책 쓰고 싶은 사람들이 원하는 열정만큼 책 쓰기를 시작하지 못하고 성공하지도 못한 이유가 있다. 여러 이유 중 하나는 책 쓰기에 대한 긍정적인 영향들, 즉 가치를 속속들이 잘 모르기 때문이다. 책 쓰기를 통해서 삶이 얼마나 변하는지 모르기에 책 쓰기는 필수가 아닌 선택의 영역으로 생각한다. 개인적으로 책을 써보니, 상상하지 못한 값진 효과들이 있다. 우선, 책 쓰기는 스스로 성장의 동력이 된다는 것이다. 사람은 자신이 한 말을 지키려고 한다. 글도 마찬가지로, 글을 쓴 사람은 자신이 쓴 글대로, 책을 쓴 사람은 책을 쓴 대로 책임을 지고 쓴 대로 살아가려고 한다. 예를 들어서 《새벽 시크릿》이란 책을 나는 썼는데, 이 책을 쓴 이후에 나는 새벽 기상을 계속 유지하기 위해 노력한다. 5년이 다 되어가도 새벽 기상은 나의 가장 중요한 일 중의 하나이며 그런 마음으로 실천하고 있다. 새벽에 일어나서 낮에 얻지 못한 삶의 많은 아이디어를 주워 담아 삶을 긍정적으로 바꾸고 있다. 때론 좀 더 자고 싶은 유혹도 있지만, 책의 영향으로 잠자리를 털고 일어난다. 내가 쓴 책이 나의 삶을 긍정적으로 계속 이끌어가는 것이다. 책 쓰기는 노트북만 있으면 가능하다. 장소 불문, 어느 곳에서나 책을 쓴다. 스스로 삶을 긍정적으로 변화시키는 동력인 책 쓰기는 돈으로 환산할 수 없는 가치가 있다. 이런 사실을 알고 있다면 책 쓰기 좋은 환경만을 찾으면서 시기를 뒤로 미루겠는가? 그것처럼 업무 중 메시지 쓰기도 마찬가지이다. 적시 적소에 메시지를 써서 활용한다면 일의 부담을 낮출 뿐 아니라 일의 성과도 올릴 수 있다는 사실을 깨닫게 될 것이다.

내가 아침에 출근하자마자 하는 〈오늘 할 일〉의 메모는 보건실의 하루 삶의 질을 결정한다.

〈오늘 할 일〉

1. 고1 검사 설문지 작성 방법 구상 (   )
2. 2, 3학년 신체검사 결재 (   )
3. 책상 이동 도우미 선물구매 (   )
4. 고충 상담원 연수 신청하기 – 30시간 (   )

주로 3, 4가지의 해야 할 일을 적고 하루를 시작한다. 기록하는 것만으로 이것에 대한 아이디어가 샘솟는다. 메모의 힘이라고 할까? 인간의 뇌는 질문을 받으면 그 답을 찾는다고 했다. 오늘 할 일의 메모가 어떻게 하면 이일을 짧은 시간에 효과적으로 완성할 수 있을지 뇌에 질문하는 것과 같다. 고 1 검사 설문지 작성 방법

구상에서는 출장 검진하는 고등학생은 출장 검진 전에 병원에서 미리 보내온 건강 설문지를 작성해야 한다. 이 설문지를 일일이 1학년 교무실 사물함에 넣어두어야 하는데, 좀 더 효과적인 방법이 없을까 구상했다. 2, 3학년 신체검사 결재는 미리 한다. 보통, 어떤 행사를 할 때, 넉넉히 2주 전에 결재를 받아둔다. 인생에서는 항상 변수가 있기 마련이다. 학생의 검사들은 해마다 잘 진행되어야 하고 그런 변수 때문에 진행에 방해가 되어서는 안 된다. 내가 갑자기 일이 생길 수도 있고, 그래서 필수 행사는 꼭 미리미리 챙겨야 한다. 출장 검진할 때, 책상을 강당에 이동해두어 부스를 차려야 한다. 요즘은 학생 인권으로 학생의 힘을 빌리기가 쉽지 않다. 그래서 이것에 대한 아이디어를 구상하는 것도 필요해서 미리 메모를 해두었다. 고충 상담원 연수도 학교의 담당자는 3년 이내에 한 번씩 받아야 하기에 이것에 대한 확인도 필요하다. 그날 해야 할 일들을 메모로 해두고 일을 하면 그 일을 하고 나서 하나씩 완성했다는 의미의 'ok'를 표시하는 맛도 있다. 일의 성취 욕구가 높아져 더 열심히 일을 하게 된다. 이것도 나만의 노하우이고 일의 재미이다. 재미는 스스로 만들어 가는 것, 직장에서 일도 마찬가지이다. 나만의 재미를 상승시키는 법으로 〈오늘의 할일〉의 메모처럼 글을 쓰는 것이 최고인 듯하다. 메모를 어떤 일에서든 활용하면 글쓰는 것에 점점 내 몸은 익숙해진다. 어떤 일도 글로 먼저 소통하는 것에 어색하지 않아진다. 전체 메시지도 점점 부담이 덜해지고 핵심 위주로 글을 써서 보낼 수 있다.

　메시지 쓰기에 익숙하도록 나는 소통할 일이 있다면 전화보다는 메시지로 먼저 보낸다. 이것을 일하는 원칙으로 두었다. 메시지는 짬 시간이 있을 때 얼마든지 확인할 수 있다. 하지만 전화는 아무리 바빠도 상대방의 요구에 응해야 한다. 지금 당장, 반에 급한 일이 있어 급히 가야 하는데, 전화를 받아야 한다. 어쩌면 해야 할 그 일이 응급을 요하는 일이라면 전화가 급한 업무를 방해한 것이다. 상호, 이런 방해는 가급적 주지 말고 일을 해야 한다. 전화보다는 좀 더 완화된 소통 방법이 바로 메시지 소통이라 볼 수 있다. 전화보다는 시간이 좀 더 걸리겠지만 응급상황이 아니면 메시지가 상대방의 업무를 방해하지도 않으면서 예의 있게 다가가 용건을 말하는 방법일 것이다. 주로 보면, 나이가 있는 사람일 경우 직접 소통을 선호하고 젊은 사람일수록 글의 소통을 먼저 하는 경향이 있다. 아마도 인터넷 발전과 그 영향이 미친 상황이라고 본다. 나이마다 다른 사고방식, 행동 방식이 그 시대 사회적 상황과 밀접한 관련이 있듯이 소통 방법에서도 마찬가지이다. 50대를 넘긴 사람일수록, 메시지 소통법에 좀 더 노력을 해야 할 것 같다. 나 또한 마찬가지이다. 하지만, 나의 경우는 출간이 이런 메시지 소통에 대한 어색함을 많이 완화시켰다고 본다. 전화 대신,

먼저 메시지 소통이 업무 메시지 쓰기에 익숙해지는 방법이 될
수 있음을 인지하고 생활에 실천하고 있다.

　요즘 보건 업무에 있어서 메시지 쓰기를 많이 활용한다. 다른
부서나 교사와 소통하는 대부분의 방법이 바로 이 메시지 쓰기라
는 것이다. 거의 80% 이상이 메시지 소통이다. 메시지에 익숙해
지지 않으면 보건　업무하기가 힘들어진다. 누구나 메시지로 소
통할 수 있다고 하지만 다 그렇지는 않다. 보건교사도 메시지 쓰
기가 피하고 싶은 일 중의 하나일지 모르겠다. 하지만, 우리가 극
복하지 못할 일은 없다. 메시지 쓰기를 피하고 싶더라도 자주 쓰
면 어느 순간, 그것의 가치를 인지하면서 좀 더 자주 쓰게 될 것
이다. 단, 아주 간단한 메시지에도 여러 번 지우고 또 지우고 하는
정도이면 스스로 글쓰기에 익숙할 수 있는 방법을 찾아보아야겠
다. 매일하는 것만큼 잘 할 수 있는 방법도 없다. 그래서 보건 업
무를 하면서 메모를 활용하고 다른 부서에 전화하기 전에 메시지
로 먼저 소통한다는 원칙을 세운다면 점점 메시지가 쉬워지는 현
상이 일어날 것이다. 메시지가 익숙해질수록 보건 업무와 타부서
의 소통도 원활해지리라 본다. 말하듯이 메시지를 활용할 수 있
길 응원한다.

보건교사에게 글쓰기 역량이 필요하다

보건교사도 이제 글 쓰는 역량이 필요하다. 글쓰기에 주저하지 않는다면 당황스런 상황에서도 위기 극복능력이 높아진다. 보건교사의 일이라면 주로 소통이 가장 기본이 된다. 소통, 전달을 통해서 보건 일은 완성된다. 혼자서 하는 일도 물론 있지만, 여러 사람을 대상으로 여러사람이 함께 건강업무를 하는 경우가 많다. 그런 상황에서 글 쓰는 능력이 있을 경우, 응급상황의 대처력이 좋아지는 것이다. 일요일 아침, 나는 갑자기 떠오르는 일 하나를 생각했다. "아뿔싸!" 보건 일을 놓쳤다는 것을 아침, 잠에서 깨면서 깨닫게 되었다. 내일 월요일에 2학년과 3학년 결핵 검사하는

날인데 결재 완료된 가정통신문을 실무사에게 보내지 않았다. 보통, 가정통신문의 결재가 교장까지 완료가 되면 실무사에게 보낸다. 실무사는 학교 구성원 전체에게 문자 메시지를 보내고 학교 홈페이지에도 올려놓는다. 그런데, 실무사에게 건네는 것을 잊었다. 그 사실을 일요일 아침에 알게 된 것이다. 직접 학교 전 구성원에게 메시지 보내는 시스템이 있어 그 시스템으로 문자를 보내면 되는데, 가정통신문 자료도 학교에 있고 급기야 학교 비번도 기억나지 않았다. 잠시, 머리를 풀 가동했다. 그래, 우선 가정통신문을 대체할 안내 문자를 작성하고 전 교직원과 학생에게 핸드폰 메시지를 보낼 수 있는 아엠티처 시스템의 학교 비번을 누군가에게 물어봐서 확보해야 한다는 생각이 들었다.

〈2 · 3학년 결핵 검사 실시 및 주의사항 안내〉

안녕하세요

2, 3학년 학생은 내일(8월 21일)
교내 결핵 검사를 실시합니다. 엑스레이검사로
와이어 있는 옷은(지퍼나 기타 속옷)
입지 말고 등교하시기 바랍니다.

기타, 다음의 내용을 참고해주세요

1. 결핵 검사 미검자는 개별 병원 방문 후 자비로 검사 실시
2. 1교시부터 1반부터 순서대로 검사 실시
3. 가급적 결석하지 말기
4. 엑스레이 버스는 장애인주차장에 주차할 예정
5. 이상소견자는 대한결핵협회에서 연락 예정

건강하고 안전한 주말 보내세요

결국, 2, 3학년 학생, 학부모, 교직원을 대상으로 문자 메시지를 보냈다. 주말 아침임에도 불구하고 메시지를 보내려고 한 이유는 엑스레이검사를 위해 와이어 없는 속옷을 입고 와야 한다는 점을 한 번 더 강조하기 위해서이다. 결핵 검사 장소가 버스가 아니라 병원이라면 상의 탈의를 하고 해도 괜찮지만 , 버스 안에서의 엑스레이 촬영이라 옷 갈아 입을 장소도 만만치 않고 또한 검사 시간이 지체되면 그만큼 수업을 못 받게 된다. 또한 검사하지 않는 1학년에게 다소 소란스러움으로 인해 수업에 방해가 될 수 있기 때문이다. 물론 메시지를 보낸다고 학생들이 안내대로 100% 이행하는 것은 아니다. 개중에는 메시지를 못 읽는 학생도 있을 것이고, 알면서도 그냥 등교할 수도 있고, 여러 가지 이유로 잘 실천되지 않겠지만 그래도 한 번 더 강조하면 빠른 진행에 도움이 될 것이다. 아마도, 그전에 결핵 검사를 한다는 사실은 안내했기 때문에 검사를 한다는 것은 알고 있지만 단지, 검사 전 주의사항을

전날 한 번 더 공지하면 더 효과적이고 자연스런 검사가 진행된다.

여학생같은 같은 경우, 다른 옷으로 갈아입는 것 자체에 예민할 수 있다. 와이어 없는 스포츠 속옷을 입는다면 불편감 없이 검사를 받을 수 있다. 엑스레이 검사는 대한결핵협회에서 주로 실시하는데, 갈아입을 옷이 있음에도 불구하고 그것도 싫다고 고집을 피우는 학생에 대한 검사의 어려움을 이야기했다. 그런 학생인 경우는 개별적으로 병원 방문해서 검사를 받도록 한다는 점도 미리 알려주면 될 것이다.

사실, 전 교직원에게는 교내 메신저를 통해 결핵 검사는 여러 번 안내가 되었다. 학생과 가장 가까이에 있고 가장 관심을 가지는 교사가 바로 담임교사이다. 담임교사는 분명, 결핵 검사에 대한 자세한 내용을 이미 구두로 반 학생들에게 안내했을 것이다. 하지만 간혹 놓치는 담임교사가 있기 마련이다. 그런 반을 위해서도 보건교사는 메시지를 또 한 번 보내서 학생들이 결핵 검사에 대해 모두 알 수 있도록 해야 겠다. 어떤 담임교사는 검사내용이나 주의사항에 대해서 먼저 보건 교사에게 질문하는 교사도 있다. 때론 번거롭게 하는 교사처럼 느껴지기도 하지만 오히려 이런 담임교사가 있어서 안심이 된다. 그 반의 경우는 확실히 검사

안내가 잘 되었을 것이란 확신이 있기 때문이다. 하지만 조용한 담임교사인 경우, 오히려 보건교사 입장에서는 그 반을 챙기게 된다. 그런 반일 경우, 보건 관련 다른 일에 있어서도 유심히 관찰하게 된다. 담임교사가 워낙 바쁘다거나 기타 여러 이유에 의해서 한 템포 늦는 반의 학생들은 조금 더 관심을 가지게 되는 것이 사실이다.

학교 구성원 전체에게 보내는 메시지 시스템의 비번은 실무사가 주로 알고 있다. 교사가 직접 보낼 수도 있지만, 실무사가 주로 이 시스템을 관리하고 있다. 시스템의 비밀번호도 당연히 알고 있다. 30학급에 보통 교무실 실무사는 2명 있는데, 메시지 담당 실무사가 이번에 새로 바뀌어 연락이 힘들어 기존에 있는 실무사에게 카톡으로 질문해서 메시지 시스템의 비번을 알 수 있었다. 이제 남은 것은 가정통신문을 대체할 메시지 문구를 만들어 해당 학생과 학부모에게 보내면 된다. 여기에 교직원에게도 보냈다. 수업 중에 결핵 검사를 하는 것이기에 교직원들도 알고 있으면 참고가 되기 때문이다. 핸드폰 메시지 보내는 학교 시스템은 지금은 전 교직원이 비번을 알고서 직접 보내기도 한다. 비번을 실무사만 알고 있어야 할 이유가 없다. 아마도 저번에도 나만 비번을 모르고 있었을 수도 있다. 기계가 약한 사람이라면 이런 시스템 활용 자체가 어렵게 느껴질 수가 있다. 이때는 실무사의 도움이 필요하다.

결핵 검사 가정통신문 자료가 없어서 검사하는 전 날 급히 안내 문구를 작성했다. 결핵 검사 메시지를 보내기 전에 가정통신문 자료가 학교에 있음을 깨달았다. 조금 당황했다. 하지만, 가정통신문에서 중요한 내용 위주로 안내메시지를 작성했다. 결핵 검사 시 와이어 없는 복장에 대해 제일 앞에 쓰고 기타 주의해야 할 부분을 작성한 후 인사하고 마무리했다. 들어가는 말-전달내용-나오는 말, 순으로 메시지를 작성하는 데는 그리 오랜 시간이 걸리지 않았다. 이제는 메시지에 익숙하기도 하고 개인적으로 글 쓰는 일을 매일 하다 보니 크게 어렵지 않게 되었다. 매일 읽고 쓰는 습관을 가지게 된 후, 글 쓰는 것에 대한 두려움이 사라졌고 업무상 필요한 짧은 메시지 글은 일상적으로 하는 말처럼 편안했다. 편안하니 메시지 전달을 자유롭게 하고 업무에도 많은 도움이 되고 있다.

어떤 교사보다 보건 교사에게 글쓰기 역량이 필요하다. 공부도 중요하지만, 건강의 중요성을 따라올 수는 없다. 코로나19가 창궐했을 때, 글쓰기로 보건교사들은 많은 어려운 일들을 해결하고 막중한 학교 내 감염병 예방을 이루어왔다. 글쓰기가 가장 일반적이고 만만한 수단이었다. 감염병 상황뿐 아니라 평상시에도 글쓰기는 유용한 소통의 방법이다. 급하게 학교 전 구성원에게 전달할 내용이 있을 때, 글쓰기에 만만하고 자신감이 있다면 이런 일은 힘든 일이 아니다. 쉬운 일 중의 하나일 뿐이다. 글쓰기에 부담스럽지 않다면 어렵게 느껴지는 일도 쉽게 해낼 수가 있다. 보건교사는 글쓰기 능력을 키우기 위해 노력해야겠다. 글쓰기 역량이 보건교사 스스로 건강을 지키면서 보건 업무를 원활하게 할 수 있는 방법임을 재차 강조한다.

메시지를 활용하면 업무가 수월해진다

───────────

우리 가족은 단톡방을 만들어 사용하고 있다. 가족 단톡방에 각자 하루 일정을 올려놓기도 하고 전화가 잘 안 되는 경우 연락의 수단으로도 활용한다. 내가 어릴 때는 글로 이런 소통을 한다는 것이 없었고 상상도 하지 못할 상황이다. 글은 편지 쓰기가 전부라고 생각했고 특별할 경우에만 편지를 썼다. 하지만 지금 시대는 변했다. 언제든 글을 쓸 수 있는 시스템이 잘 갖추어져 있다. 직장에서나 가정에서나 누구나 쉽게 글을 통한 소통이 가능해서 이런 시스템을 사용하지 않는 것이 손해라고 생각할 정도이다. 나는 가족 단톡방을 통해 아이들에게 글 쓰는 연습도 하게 한다. 하루에 3문장씩, 자신의 생각이나 기분을 적도록 한다. "나는 오늘 기분이 좋다. 내일 축구를 할 생각을 하니 지금 해야 할 공부도 덜 힘든 것 같다. 나는 축구가 너무 좋다." 아들이 축구에 대해서 자주 적는다. 축구에 대한 아들의 생각들을 알 수 있다. "나는 오늘 마라탕을 먹고 싶다. 마라탕이 요즘 너무 당긴다. 저녁에 엄마한테 마라탕을 사달라고 해야겠다." 딸아이의 3문장이다. 이런 3문장을 보고 딸아이가 좋아하는 메뉴도 알 수 있다. 이것을 매일 하도록 유도하니, 글쓰기도 성장하면서 아이들 여러 상태도 체크할 수 있어서 좋다. 그리고 가장 중요한 것은 글이 말처럼 우리의 소통 수단이 될 수 있다는 것을 중학생 아이들의 머리에 은연중에 각인할 수 있다는 점이다. 이제는 글도 말처럼 활용하며 살아야 한다는 것을 느껴야 할 시대이다.

메시지 글로 소통을 안 되면 요즘은 일을 할 수가 없다. 한번은 카카오톡 회사에서 불이 나서 하루, 이틀간 카카오톡을 사용할 수 없는 대형사건이 발생했었다. 그때, 우리가 얼마나 글쓰기를 많이 하고 살았는지 실감했다. 그러고 보니, 직장에서도 카카오톡 소통을 했다. 학교 내 메시지 사용은 교육부 시스템이 마련되어 있어 같은 도의 교육기관 상호 간의 소통이 가능하다. 하지만 그룹화를 만들어 쉽게 소통하는 데는 카카오톡 시스템 만한 것이 없다고 생각한다. 그래서 보건교사들은 근처 학교끼리, 혹은 분

과별로 만든 단톡방이 따로 있다.

"선생님, 학생 성교육 강사 강의 잘하신 분 있으시면 추천 부탁 드립니다."

보건교사 단톡방에선 성교육 강사 정보를 묻는 메시지도 올린다. 학생뿐 아니라 교직원 성교육을 보건교사가 담당하는 경우가 대부분이다. 평상시에는 교과 관련해서 일반교사들이 성과 관련된 내용을 가르치고, 일회성이긴 하지만 보건교사가 전문 강사를 초빙해서 성교육을 받도록 한다. 단지 한 번이라도 비용을 지불하고 전문 성교육 강사한테 받는 것이기 때문에 성교육 관련 최근 사건 사고나 변화된 지침, 기타 다양한 최근 사례들을 직접 들을 수 있어서 유익한 시간이 된다. 보건교사는 강사 선택에서 강사가 필요한 제반 강의 상황을 조성하도록 다른 부서에게 협조를 구하는 일까지 하고 있다. 성교육 강사는 여러 사람이 있고 어떤 강사를 초빙하는가는 성교육의 질을 결정하는 중요한 부분이기 때문에 강사에 대한 정보를 상호 공유한다. 하지만, 강의를 잘하는 강사는 일정이 바쁘기에 강의를 들을 기회가 많지 않다. 그래도 미리 약속을 잡으면 효과적인 성교육을 받을 수 있다. 개별 보건교사 간의 성교육 강사에 대한 정보도 소규모로 소통할 수 있지만, 그래도 분과 단톡방에서는 이런 소통이 원활한 편이다.

이런 메시지는 자료를 찾을 시간이 필요한 것이기에 말보다는 글이 좋다. 누군가로부터 "성교육을 잘 하는 강사 있으면 소개시켜 주세요." 라는 전화를 받았다고 가정해보자. 조금 당황스러울 것이다. 성교육 강사를 머리에 외우고 다니는 것도 아니고, 어떻게 대답을 할 지 머뭇거리게 된다. "네, 한번 찾아보고 연락 드릴게요. 제가 지금 생각이 나지 않네요." 이런 대답을 해 주기가 쉽다. 그렇다면, 서로 시간 낭비가 될 것이다. 글이라면 간단히, 해결될 수 있는 질문이다. 답변 오는 시간은 조금 걸리겠지만, 상대방이 자료를 찾는 시간을 가질 수 있어 그런 종류의 질문일 경우는 전화보다는 단톡방이나 개인 톡의 메시지가 훨씬 좋다.

일이나 질문의 성격에 따라 소통의 방법을 달리해야 한다. 직장에서 말로 소통해야 할 일이 있고 말보다는 글이 더 효과적인 일들이 있다. 말보다는 메시지를 활용함으로 일의 성과율이 높아지는데, 메시지를 활용하는 구체적인 이유들은 다음 몇 가지로 정리해볼 수 있다.

첫째, 상대방에게 생각할 시간을 준다.

상대방이 결정을 내리기 위해 시간이 필요한 일들이 있다. 예를 들면 연수에 관련된 내용이다. 교직원을 위한 연수들이 수도 없이 많다. 연수를 알려주는 교사가 따로 있을 정도이다. 이런 연수들은 꼼꼼히 따져보고 자신이 필요하다고 생각할 시간이 필요한 것이다. 이런 연수 안내는 메시지를 통해서 알려주는 것이 가장 좋다고 말할 수 있다.

둘째, 자료를 찾을 시간을 준다.

자료를 찾아 대답해야 할 경우가 많다. 그럴경우에도 말보다는 메시지가 가장 적합하다. 전화한다면 상호 시간과 에너지를 소모하는 상황이 발생한다. 학교에서 교직원들은 실세 없이 해야 할 일들이 시간대별로 있다. 느긋해 보이지만 실상은 머릿속에서 온갖 해야 할 일들이 가득하다. 그렇기에 글쓰기가 오히려 일하는 방식으로는 훨씬 낫다.

셋째, 말보다는 글이 충격완화 효과가 있다.

교직원 집단도 사람이 모인 곳이다. 이런 사람, 저런 사람, 다양한 성향과 개성을 가진 사람들이 모여서 교육이란 목표를 향해 함께 움직이고 있다. 그야말로 코드가 맞는 사람도 있고 맞지 않는 사람도 있다. 어느 집단이나 이런 상황은 존재한다. 그 사람이 좋고 나쁘고의 차원이 아니다. 이런 상황이 발생했다면 목표 달성을 위해서도 원활한 소통과 중재가 필요하다. 그럴 경우 글로 자신의 마음을 전한다면 스스로 마음을 다스려 예의 있게 자신의 감정과 의사를 상대방에게 전달할 수 있다. 상대방도 감정적이기보다는 객관적인 측면에서 자신의 행동을 돌아볼 기회가 된다. 감정개입이 많이 될 것 같은 일들은 메시지로 보내는 것이 충격완화목적에 효과적이다.

넷째, 메시지를 줌으로써 반복적으로 읽을 수 있도록 한다.

글의 가장 큰 장점이 언제든 다시 소환해서 확인할 수 있다는 것이다. 내가 보낸 메시지도 그렇다. 내가 메시지를 보냈는지 안 보냈는지 확인 후 다시 메시지를 보내는 경우가 종종 있다. 아니면 그전 메시지를 바탕으로 조금 보완해서 보내야 할 때도 있다. 그럴 때, 보낸 메시지를 확인할 수 있어서 일의 퀄리티를 높일 수 있다. 그리고 다른 사람이 보낸 메시지를 다시 찾아 업무에 참고하는 것도 자주 한다. 글은 언제든 반복적으로 볼 수 있어서 업무에 많은 도움이 된다.

보건교사의 다양한 업무 중, 말보다는 메시지가 확실히 더 효과적인 업무들이 있다. 글로 소통하면 상대방에게 생각할 시간을 많이 주게 된다. 중요한 일일수록 판단하는데 시간을 많이 줄 수 있어 메시지가 확실히 조직의 성과률에 도움이 된다고 생각한다. 일의 성격에 따라 소통의 방법을 달리해야 함을 인지하고 급하게 서둘러 전화를 돌리는 일은 하지 말 것을 권한다. 성격이 급한 사람은 자신의 입장에서 당장, 그 일을 해결하기 위해 전화를 한다.

전화를 끊고 나면 '이것은 급한 것이 아닌데, 메시지로 보내도 될 일인데 왜 전화를 했을까?' 하는 생각을 하는 경험을 나는 종종 했다. 학교에서는 다들 바쁘다. 그래서 급하지 않은 일들은 메시지로 1차로 보내고 그다음 2차로 전화를 하는 것이 유익하다. 한편으로 이 방법은 상대에 대한 존중이고 배려이다. 사실, 말보다는 글이 더 상대를 배려하는 예의 바른 방식이라 여겨진다. 개인적인 삶, 학교 내에서의 삶에서도 이런 메시지 글을 잘 활용한다면 상대를 배려하고 존중하면서 업무도 수월하게 할 수 있을 것이다.

제3장

보건업무의 루틴 메시지 글

전교생 요양호 학생 파악

───────────

새 학기가 되면 요양호 학생 파악을 가장 먼저 한다. 미리 준비한 설문조사를 3월 초에 실시하게 된다. "요양호 학생" 용어가 처음에는 생소했었다. 요양호, 즉, 양호가 요구되는 학생, 다시 말해서 건강상의 문제로 조금 더 세심한 관찰과 주의가 요구되는 학생이란 의미이다. 심리적인 문제부터 신체적인 문제, 기타 다양한 건강상의 문제가 있는 학생들이다. 요양호 학생은 전교생을 대상으로 조사한다. 작년에 요양호 학생이 아니었지만, 올해는 당뇨병이 생긴 학생들이 있다. 기타, 중간에 사고가 나서 대수술을 받은 학생들도 있을 수 있다. 지금 건강하다고 해서 앞으로도 건강하라는 법이 없기 때문에 작년에 비록 문제가 없는 학생이라도 건강조사의 대상이 된다. 3월 개학 첫날부터 미리 만들어 둔 설문지를 각 반함에 배부해서 바로 설문조사가 시작되도록 하는 경우도 있지만, 그렇게까지는 하지 않아도 된다. 해마다 하는 설문조사이기에 작년의 설문지를 조금 수정해서 미리 준비해두었다가 등사실에 등사를 맡기고 하루, 이틀 지나서 설문조사는 보통 시작된다. 요양호 파악을 위한 설문조사를 위해 여러 개의 메시지를 전송한다. 시차별로 메시지는 내용이 달라지고 그때그때 상황을 봐가면서 메시지가 추가될 수도 있다.

〈전교생 요양호자 파악을 위한 건강 조사 실시〉

교육 활동시 배려하고 참고해야 할 건강상 문제를 가진 학생들을 파악하기 위해서 설문조사를 실시합니다.
반별 함에 건강조사서 설문지는 넣어두었으니 담임선생님께서는 건강조사 설문지를 배부하여 주셨다가 3월 10일까지 보건실로 제출해 주시길 부탁드립니다.
감사합니다.

요양호자 파악을 위한 시작을 알리는 메시지를 먼저 각 학년 담임교사에게 보낸다. 시작은 항상 부드럽게, 말을 하든, 글을 쓰든, 비슷하다. 특히, 상대방의 협조가 필요한 일은 더욱 부드럽고 조심스럽게 접근해야 한다. 설문지를 조사하고 수거하는 일, 별일 아닌 것 같지만 담임 교사의 입장에서는 부담이 될 수도 있다. 왜냐하면 꼭 1명이나 2명씩 제출 안 하는 학생이 있기 때문이다. 제출하지 않은 한 명의 학생으로 인해 반 전체의 설문지를 제날짜에 전달하지 못한다. 담임은 조용히 그 학생을 불러, "얘야, 내일은 꼭 가지고 와야 한다."라고 당부, 또 당부하지만 그 학생은 다음날이 되면 이렇게 말한다. "아, 죄송해요. 제가 잊어버렸나 봐요, 꼭 드리려고 노트에 메모까지 했는데, 그 메모한 것을 잊어버렸습니다. 죄송합니다." 혼낼 수도 없고 기가 막히는 상황이다. 담임교사는 매번 이런 일을 겪으면서 학생들한테 뭔가를 거두는 일이 가장 힘들고 에너지 소모가 크다는 것을 안다. 그래서 어쩌면 이일을 가장 싫어할지도 모르겠다. 그러니, 건강조사 설문지 수거도 담임교사에게 부담이 될 수 있는 것이다. 그래서 되도록, 신경을 건들지 않도록 조심스러운 시작을 알려야겠다. 건강설문지는 아직은 아날로그식이 더 유익한 면이 있기에 그것에 관한 질문이 들어오면 조심스럽게 이해와 함께 협조를 부탁해야겠다. 그렇게 최소 3주 이상의 시간이 걸릴 수도 있는 설문조사에 돌입해야 한다.

〈전교생 건강조사서 제출 및 건강 상담 안내〉

안녕하세요
2가지 협조 부탁드립니다.

1. 학생들 건강조사서, 금일 퇴청 전까지 제출 부탁드립니다.
2. 다음 주부터 학생건강상담 진행 예정으로 건강 면담 필요한 학생 명단을 화요일쯤 알려 드릴 예정입니다. 반별 해당 학생들은 점심 식사 후 보건실 방문할 수 있도록 지도 부탁드립니다.
** 담임샘이 판단하시기에 특별히, 주의해서 건강 면담이 필요하다고 판단하시는 학생은 설문지를 접어서 보내 주시기 바랍니다.
** 오늘도 행복한 하루되세요.

설문지를 거둬보면 담임교사의 성향을 그대로 파악할 수 있다. 제출일에 맞추어 최대한 수거해 제출하려는 교사가 있는가 하면, 순리대로 천천히 제출하는 교사도 있다. 누가 옳고 그르다고 말하기는 애매하다. 다 일장일단이 있기 때문이다. 제출일에 맞추려면 아이에게 조금은 강압적이어야 하기에 학생들이 부담을 느낄 수 있고, 또 너무 늘어지다 보면, 일이 진행이 안 되어 다른 일을 하는데 여러모로 지장이 생긴다. 그래서 적당히, 협조하는 배려를 보이는 것이 필요하다고 생각한다. 어느 정도 건강설문지가 수거되었다면 다음에 할 작업은 학생 면담이다. 직접 학생과 건강 면담을 해보아야 그 학생의 상태를 어느 정도 확인할 수 있다. 면담 시간과 명단은 미리 담임교사에게 안내한다. 미리미리 안내 메시지를 보내두면 일할 때 저항감이 줄어든다. 면담 시간은 나는 주로 점심시간이나 쉬는 시간을 이용하지만, 수업 시간에 해도 된다. 사실, 점심시간과 쉬는 시간에는 학생들이 보건실을 많이 찾는 시간대이기에 면담하다가 자주 끊기는 상황이 발생한다. 진지하고 집중해서 건강 면담을 못 할 수 있다. 수업 시간에 면담할 경우, 학생이 수업을 빠져야 한다. 하지만 건강관리가 중요하기에 잠시 수업을 빠지는 것은 건강을 위해 감수할 부분일 수도 있다. 학생 상황에 따라서 면담시간을 탄력적으로 정하되 수업 시간에 되도록 면담하는 것이 좋다는 생각이다. 수업 시간은 조용해서 더 집중적으로 다양한 이야기를 듣고 학생은 궁금한 사항을 질문할 수 있기 때문이다. 주의 집중해서 면담할 특별한 학생인 경우 아예, 수업 시간에 보내달라고 한다. 고등학생에게 공부도 중요하지만 건강은 더 중요하다.

〈1학년 학생 건강 면담 안내〉

안녕하세요

내일 점심시간, 1학년 건강 면담 하겠습니다. 반별 해당 학생들은 보건실로 갈 수 있도록 해당학생에게 조용히 안내 부탁드립니다.

1. 1시~1시 30분 : 1반~5반
2. 1시 30분~2시 : 6반~10반

명단은 아래와 같습니다.

아이들과 면담하기 전에 부모와의 통화가 먼저 필요한 경우도 있다. 혈액암이나 부정맥, 기타 건강관리에 특별히 주의가 필요한 학생의 경우 부모와 먼저 통화를 한 후 아이를 본다. 아이들은 자신의 건강상태나 치료과정을 자세히 모르고 있을 수 있기 때문에 부모와의 통화를 우선시한다. 추가적인 내용은 학생과 면담을 하면서 듣고 메모를 해둔다. 담임교사는 반 단톡방을 운영하고 있어 학생이 보건실로 내려가도록 연락하기 쉽다. 보건교사가 학생에게 직접 연락하기는 어렵지만 담임교사는 그리 어려운 일이 아닌 것이다. 그리고 담임교사는 건강 면담을 하는 반 학생을 알고 있어야 아이들 관리에도 도움이 되기 때문에 담임교사를 통해서 학생이 보건교사와 건강 면담을 받을 수 있도록 한다.

〈요양호 학생명단 공유〉

안녕하세요

건강조사 설문지를 통한 면담결과 요양호 학생명단 확정되었습니다. 명단 공유드리니 교육활동에 참고하여 주시기 바랍니다.

*학생 프라이버시 보호를 위해 이 메시지는 확인하신 후 삭제하여 주시길 부탁드립니다.

*비번은 91199입니다. * 이 메시지도 확인 후 삭제해주세요

최종 요양호 학생 명단이 정해지면 명단을 공유한다. 요양호 학생 명단은 교육활동을 하는 모든 교직원이 평상시 수시로 참고해야 할 자료가 된다. 과거에는 요양호자 명단이 나오면 전 교직원이 회의할 때 직접 마이크 잡고 한명 한명에 대해 설명을 해주었다. 하지만 지금은 그렇게까지는 하지 않는다. 자료 공유 시 학생마다 현재 상태, 치료과정, 주의사항, 필요 시 사용할 부모의 전화번호를 함께 메모해서 각 학년별 각반별 정리해서 공유한다. 공유할 때 학교 내 메신저로 공유하고 자료에 남아서 프라이버시가 침해되지 않도록 출력이나 기타 확인후 삭제하도록 협조를 구한다. 한글파일에 문서 잠금장치를 하고 비번을 걸어둘 수 있어 교직원에게만 문서 비번을 알도록 메시지를 통해서 그것 또한 공유한다.

요양호 학생 조사는 생각보다 시간이 많이 소요된다. 건강 설문조사 시작에서부터 중간 면담, 요양호 학생의 공유까지 최소 3주 이상이 걸리는 작업이다. 이것만 마쳐도 왠지 한시름 놓을 것 같은 심정의 보건 업무이다. 해마다 새롭게 병이 걸리는 학생들

이 있기에 주의해서 회수된 설문지를 읽어보아야 한다. 면담하는 과정에서도 담임교사에게 여러 번의 메시지를 보내야 한다. 긴밀한 협조가 요구되는 업무이기도 하다. 담임교사의 적극적인 협조가 요양호 학생 파악을 빠르게 할 수 있도록 도와준다. 교직원 회의 횟수가 줄어든 요즘, 모든 것이 메시지로 소통하는 경우가 많다. 요양호자 명단이 나왔을 때, 과거 직접 설명하는 방식이 아니라 다소 당황스럽기는 했지만, 지금은 이 또한 메시지로 전달하고 있고 이 메시지 관리의 주의사항만 강조하면 되었다. 얼마나 자료를 잘 활용하는 가는 교직원 각각 당사자의 몫이다. 요양호 학생 조사에서 면담 실시, 학생명단 확보, 등 전 과정에서 필요한 메시지를 하나하나 정리해두면 다음 해에 일히는데 수고를 덜 수 있다. 앞의 메시지 내용을 참고해서 자신만의 요양호 파악 과정의 메시지를 만들어 보길 바란다. 메시지도 묵은지 마냥, 묵힐수록 더욱 부드럽고 매끄러운 메시지 글의 소통으로 요양호자 파악이 가능해진다.

고등학생 1학년 출장 검진

〈1학년 출장검진 관련 준비 협조 안내〉

안녕하세요

고1 학생 검진 안내 드립니다.
학교 내, 고1 병원 출장 검진 : 7/7(금) 예정입니다.
자세한 내용 아래 가정통신문 파일 참고해주세요.
*학생과 학부모에게 가정통신문을 통해 자세한 안내문은 발송했습니다.

출장 검진을 알리는 메시지를 전체 교직원에게 먼저 전달한다.

이 메시지를 통해서 본격적인 검진 준비가 시작된다. 고등학교에서는 1학년 때 의무적으로 병원 검진을 실시해야 한다. 초, 중학교도 1개 학년씩 병원 검진을 한다. 원래는 학교에서 정한 병원을 학생이 직접 방문하여 검사를 실시해야 하지만 특별한 사유가 발생했을 때는 교육청에 검진기관 완화 신청을 하여 승인이 되면 학교에서 출장 검진을 실시한다. 이번 경우에는 코로나19가 완전히 종식되기 전이라서 병원 방문 시 감염병 이환의 우려를 이유로 3월에 교육청으로부터 출장검진 승락을 득했다. 학생들이 병원을 직접 가면 감염의 우려가 있긴 하지만 학교에서는 덜 번거로울 수가 있다. 출장 검진을 위해 학교에서 이것저것 준비해야 할 것들이 많기 때문이다. 또 다른 한편으로는 학교에서 일괄적으로 하면 검사 누락자가 줄어든다는 장점이 있다. 병원 방문, 학교 출장 검진 각각 일장 일단이 있는 것이다. 어찌하였던, 출장 검진 준비는 최소 1달 전부터 어떻게 하면 최대한 수업에 지장을 주지 않고 원활하게 검사 진행이 될지 많이 고민하는 업무이다.

〈1학년 출장검진 관련 준비 협조 안내2〉

★1학년 병원 검진 전, 준비사항으로 2가지 협조 부탁드립니다.

첫째, '건강조사서'작성.- 일반검사지와 구강 검사지 (방법은 향후 재

안내 예정)

　7월 3일(월) 조회 시간에 작성 후 반별 제출하여 주세요.

　둘째, 책상 이동 지원(강당 부스세팅용)

　희망자에 한해서 각반 1명씩 명단 보내주세요(금일). 검사전 날 (7월 6 일)오후쯤 보건실로 내려주시고 소정의 선물이 있습니다.

　책상은 총 16개 정도 1층에서 바로 옆의 강당으로 이동하고 검진 후 원위치 이동입니다.

　오늘도 좋은 하루 되세요.

　1학년 병원 출장 검진 관련 준비사항으로 가장 큰 일이 바로 건강조사서 작성과 강당에 과별 부스 세팅할 의자와 책상 이동이다. 건강조사서는 병원에서 택배로 양식지를 미리 보내온다. 우리가 선택한 출장 검진 병원은 서울에 있다. 지역은 다르지만, 거리상 거리가 멀지는 않다. 출장 검진을 하는 병원이 많지 않아 어차피 학교로 오는 출장 검진이니 소재지가 서울인 병원을 선정해도 별 무리가 없다. 작년에도 이 병원에서 했었고 검진하고 결과 처리까지 깔끔하여 선정하게 되었다. 건강조사서는 10반이면 딱 10묶음씩 나누어서 보내준다. 구강검진 설문지까지 1반에 2묶음씩 묶어서 보내주니, 그것을 그대로 1학년 교무실 반별 함에 넣어주기만 하면 된다. 보건교사의 일을 너무나 잘 알고 세심하게 배려를 하고 있다. 체크해야 할 건강조사서 항목은 생각보다 조금 많다. 읽어보고 작성하는데 시간이 걸리기 때문에 당일 빠른 검사로 수업 지장을 최소화하기 위해 검사 전 미리 작성해서 회신한다. 반별 함에 설문지를 넣어두면 담임이 배부하고 다시 회신해서 한꺼번에 보건실로 제출한다. 작성 방법도 1장씩 양식지 앞에 첨부해두었기 때문에 그것대로 작성하면 되지만 간혹, 설명을 잘못해서 설문지 전체를 버리는 경우도 있다. 이럴 때는 어쩔 도리가 없다. 검사 당일 날, 양식지를 받아서 그 반만 따로 작성하게 하는 것이 가장 합리적이다. 다시 택배로 받고 할 정도는 아니다. 1학년 전체 건강조사서 보건실로 회수되는데, 한 1주일 정도 잡아야 한다. 회신을 되도록 느긋하게 시간 여유를 두고 검사한다고 생각해야 스트레스가 적어진다.

출장 검진하면서 내가 가장 고민한 것이 바로 강당의 부스 설치를 위한 책걸상 이동이었다. 키, 몸무게 측정, 시력 측정, 혈액 검사, 구강검진, 내과, 기타 다양한 검사를 강당에서 실시하게 되고 그 검사를 위해 부스를 여러 개 설치할 책상과 의자를 미리 강당에 이동해야 한다. 책상과 의자를 강당에 이동해 두면 당일, 병원 담당자들 부스를 설치한다. 보건교사는 책걸상을 이동만 해두면 된다. 하지만, 혼자서 이 일을 할 수 없기에 각 담임에게 메시지를 보냈다. 요즘은 학생들을 함부로 일을 시킬 수 없는 분위기라, 조심스럽게 담임의 협조를 구했다. 강제가 아닌 자의에 의해서 도우미 역할을 할 학생 1명씩 뽑아 명단을 보내달라는 메시지이다. 소정의 선물을 준다고 하면 아이들은 여러 명 모인다. 책걸상의 수가 많지 않기에 5명만 있어도 충분히 이동할 수 있다. 출장 검진은 1학년 학년부 검사이기에 1학년 부장과 상의해도 되지만 보건교사가 알아서 처리할 수 있는 것은 최대한 처리하고 꼭 필요한 일만 부장의 협조를 받는다.

〈학교 내 병원 출장 검진 재안내〉

안녕하세요
내일(7/7) 학교 내 병원 출장 검진이 있습니다.
1. 대상: 고1 학생
2. 방법 : 강당에서 검진별 부스 세팅, 수업 중 1-1반부터 반별로 강당 이동.(10분 단위로 출발, 1-1: 09:00 , 1-2: 09:10, 1-3: 09:20, 1-4: 09:30, 1-5:09:40, 1-6:09:50, 1-7:10:00, 1-8:10:10, 1-9:10;20, 1-10: 10:30)
3. 엑스레이 촬영 버스는 장애인 주차장에 주차 예정(08:00) : 검진 대상자는 와이어 없는 속옷 착용
4. 검사는 오전 중 종료 예정.
5. 검진으로 인해 다소 소란스럽더라도 양해 부탁드립니다.

〈교과 선생님 협조 사항〉

1. 1학년 교과 담당 샘께서는 수업 중 해당반 검진 시간이 되면 학생 강당 이동, 이동시 정숙지도 부탁드립니다.

〈담임선생님 협조 사항〉

1. 엑스레이 촬영을 위해 필히 와이어 없는 속옷 착용 강조 및 엑스레이용 가운으로 갈아 입을 수 있지만 감염 예방차원에서 지양 지도 부탁드립니다.

2. 금일, 책상 이동 도우미, 13:40분까지 보건실로 내려주세요

3. 문진표, 부득불 미제출 담임샘께서는 내일 아침 보건실로 잠깐 들려주세요~

** 문의 사항은 보건실로 연락 주세요(119)

**감사합니다.

출장 검진 전날 메시지가 가장 하이라이트이다. 여러 번 메시지를 보냈지만, 워낙 바쁘게 돌아가는 학교 일정으로 교사들은 잊는 경우가 있다. 그래서 반드시 그 전날 다시 한번 메시지를 보낸다. 여기에 가장 중요한 메시지 내용은 당일, 반별 강당으로 이동하는 시간이다. 10분 단위로 강당으로 내려간다는 내용과 함께, 반별 내려갈 시간을 일일이 적어서 알려준다. 이렇게 보내면 담임은 반장한테 이 시간을 알려주어 수업 도중에 교과 교사에게 자신의 반이 강당으로 내려가 검진을 받아야 할 시간이라는 것을 알려주게 한다. 보건교사는 첫 반만 먼저 검사를 시작할 수 있도록 학생들을 강당에 내려보내면 그다음부터는 자동으로 시간

에 맞게 강당으로 이동하게 된다. 또 하나 중요한 부분은 출장 검진에 대한 자세한 내용은 가정통신문을 통해서 가정에 나갔지만, 그래도 신속한 검사를 위해 와이어 없는 속옷 착용을 담임교사가 한번 더 확인하도록 메시지를 보낸다. 옷을 갈아입고 하면 시간이 많이 연장된다. 그래서 이 부분, 잘 숙지하여 학생들이 스포츠 속옷을 입고 등교할 수 있도록 하면 되겠다.

학교에서 챙겨야 할 검사는 다양하다. 그 중에서 가장 신경 쓰이는 검사가 바로 병원 출장 검진이다. 차라리 병원으로 학생들을 보내면 아마도 덜 신경이 쓰일지 모르겠지만, 또 다른 고민거리는 있다. 학생들이 병원 방문 검진을 잘 하지 못하는 경우가 많다는 것이다. 출장 검진이 여러 가지 챙겨야 할 것은 많지만 그래도 검사 누락 학생이 줄어 이 방법이 더 좋을 것 같다는 개인적인 의견이다. 결석하는 학생 일부를 제외하고 전학생이 검사를 완료한다. 원활한 검진을 위해 검진 준비 메시지를 보내게 되는데, 가장 중요한 내용이 바로 건강조사서 사전 작성 및 회신과 강당 부스 세팅을 위해 책걸상 이동이다. 이 부분에 대한 준비만 끝나면 그 외에는 당일, 순조롭게 검사 진행될 수 있도록 상황을 보면서 전달 메시지를 보내면 된다. 한 반 25명 학생의 10개 반이면 오전 중에 검사가 마무리된다. 검사가 종료되었을 때, 검사가 잘 종료

되었다는 전체 메시지를 보내주는 것은 또한 기본 예의이다. 검사 시작도 알려야 하겠지만, 검사종료는 필수이다. 검사종료 메시지를 보내면 "수고 많으셨습니다. 감사합니다."라는 답글을 메시지로 받는 경우도 종종 있다. 그럴 때, 또한 작은 행복감을 맛볼 수 있다. 출장검진이 끝나면 큰 건 하나 잘 넘겼다는 생각과 함께 중요한 보건 업무가 잘 마무리되었다는 마음으로 행복해진다.

2 · 3학년 신체검사

―――――――――――

"선생님, 키 한 번만 재어 볼게요."

"아니, 신체검사한 지 얼마 안 되었는데?"

"이번에 키가 큰 것 같아요. 170cm은 넘어야 해요."

　남학생 한 명이 친구 한 명을 데리고 키를 재고 싶다고 부리나케 보건실을 찾았다. 신체검사가 끝난 지 1달도 지나지 않았다. 아이는 키가 그렇게 커 보이지는 않는다. 하지만 키를 재고 싶은 마음이 간절해 보여서 허락했다. 보건실 자동 신장 측정기는 이런 아이들에게는 오픈되어 있다. 보통, 남학생들은 키에 관심이 많다. 조금이라도 더 크려고 노력한다. 키가 자신의 자존심이라도 되는 듯, 네가 크니, 내가 더 크니 하면서 도토리 키재기 대화를 하는 것을 쉽게 볼 수 있다. 전교생 700명 중, 반이 남학생이라고 하면, 350명의 키를 원하는 대로 아무 때나 마음껏 측정하도록 한다면 보건실은 북적거릴 것이고 보건 업무가 마비될지 모른다. 그래서 특별한 경우나 상황에서만 허락해주고 있다. 학교생활에 잘 적응 못하고 교실 밖을 배회하는 학생들도 키재기는 원한다. 꼬박꼬박 보건실 키 재러 오는 그 학생에게 나는 키재기를 허락했다. 학교에 무엇하나 재미 붙일 일이 있으면 학교를 안 빠지고 잘 오게끔 된다. 남학생이 키에 예민하듯이 여학생은 몸무게에 예민하다. 관심 분야가 다르다. 남학생은 키, 여학생은 몸무게에 특별한 관심과 애착을 가진다. 신체검사 시 이 부분을 염두에 두고 주의하면 되겠다.

⟨2, 3학년 신체검사 및 보건교육 실시 안내⟩

2·3학년 신체검사 및 보건교육 영상 시청을 다음과 같이 실시합니다.
가. 대상 : 2, 3학년 학생
나. 일시 : 7월 12일(수) 5, 6교시
다. 항목 : 시력검사, 키, 몸무게 측정, 보건교육 영상 시청
라. 방법
1) 시력측정: 검사 당일, 3m 시력 측정판, 줄자, 차안기, 지시봉,

측정 기록지, 시력 측정 방법 안내지를 당일 아침 보건실에서 수령 후 교실에서 측정.

2) 키, 몸무게 측정 : 5교시 시작 전, 1반 남학생 2명은 보건실로 내려와 자동측정기 이동.

**자동측정기 위치는 2학년-4층 사물함 있는 곳, 3학년 –5층 사물함 있는 곳(넓은 곳) 로 반별 순서대로 이동하여 측정.

3) 모든 측정이 끝나면 측정 기록지의 복사본 1부는 보건실로 제출

4)보건 교육영상 시청(성교육, 마약 예방교육, 심폐소생술교육) – 구글 클래스룸 창제 활동방에 탑재 예정

5) 신체검사 후 나이스 입력 (시력 측정여부 일괄등록, 키, 몸무게 – 팝스)

** 팝스 나이스 입력 문의-학년 담당 체육 교사에게.

** 위탁 학생은 등교하는 날 담당 선생님이 측정

1학년은 병원 검진실시하고 2, 3학년은 학교에서 신체 검사를 실시한다. 신체검사 영역은 키, 몸무게, 시력 측정이다. 시력 측정은 서울 지역같은 경우에는 이미 없어졌다. 경기도는 여전히 시력 측정을 실시하고 있으나, 교사들이 하는 것이다 보니, 신빙성 있는 검사는 아니다. 시력검사는 사라지는 경향이 있다. 2개 학년이다 보니, 30학급 수준에서는 500명 가량 된다. 신장 측정은 2시간에 걸쳐 주로 실시하게 되는데, 측정기가 고가이다 보니, 보통 1개 학년에 1대씩 사용할 수 있다. 복도의 넓은 공간에 측정기를 이동하여 반 순서대로 복도로 이동해서 측정한다. 그래서 준

비 사항 중 하나로 점심시간 후의 5교시 신체검사를 한다면 점심시간에 자동측정기 이동 도우미 협조를 구한다. 안내할 때 미리 이 부분을 상세히 적는다. 주로 각 학년 1반에서 협조해 줄 것을 요청한다. 딱 지정해두어야 책임감 있게 한다. 자동측정기는 이동에서도 주의사항이 있다. 2명이 이동하는데, 한 사람은 헤드 부분을 잡고, 다른 한 사람은 발판 부분 앞 기둥을 잡는다. 측정기도 방향이 땅을 보도록 해서 들면 이동하기 다소 쉽다. 세울 때는 발판부터 측정기에 충격이 가지 않도록 조심스럽게 세우고 헤드 부분을 세울 수 있도록 특별히 주의할 것을 강조한다.

교실에서는 키, 몸무게 측정의 순서가 올 때까지 시력 측정을 실시하면서 보건교육 영상을 시청하게 한다. 이이들이 건강을 위해 필수적으로 받아야 할 교육은 기본적으로 성교육과 심폐소생술 교육이다. 최근에는 마약 예방 교육도 추가되었다. 마약 문제는 이제는 범국가적인 문제이다. 마약 근절 최대의 방법이 예방교육인 만큼, 청소년이 모여있는 학교에서부터 마약의 위험성을 알려 단 1회로 중독에 빠지는 마약을 절대 사용하지 않도록 알려주어야 한다. 이런 보건교육 영상시청을 하면서 다른 검사도 실시다. 한꺼번에 여러 개를 동시에 해서 효과가 떨어진다고 할 수도 있겠지만, 단 한 명의 학생이라도 삶에 도움이 된다면 교육은 성공했다고 생각한다. 고등학교에서 보건교육을 할 시간은 터무

니없이 부족하기에 이렇게라도 학생들이 성, 심폐소생술, 마약 같은 주제를 접할 기회를 주어야 한다. 고 3 학생 중 위탁 학생이 있는데, 위탁 학생은 학교마다 관리 방법이 다르지만, 우리 학교에서는 1달에 한 번씩 등교한다. 그 외의 시간에는 자신이 배우는 학원에서 자격증을 취득하기 위해 공부한다. 학원비는 국가에서 전액 지원한다. 그 위탁 학생은 학교에 오는 날 보건실에서 실시하는 것으로 했다. 메시지는 주로 미리 알려준다. 2주 전부터 알려주고 검사 당일 재안내를 한다.

〈금일 2, 3학년 신체 검사 실시 안내〉

금일, 5, 6교시 2, 3학년 신체검사가 있습니다.
1. 검사 항목: 시력 측정, 키/몸무게 측정, 보건 영상 시청(마약, 성, 응급처치)
2. 보건 영상 주소는 구글 클래스룸(첨부파일), 조용히 시청할 수 있도록 지도 협조
3. 검사 도구는 점심시간에 수령
4. 1시 40분에 2-1, 3-1반 지정 남학생 2명은 보건실로 와서 자동측정기 검사장소로 이동
5. 자동측정기 위치 : 사물함 있는 넓은 복도
6. 측정 후 검사 도구 및 측정치 복사본 바로 보건실로 전달
7. 신체검사 후 나이스 입력(시력 측정-보건, 키/몸무게-팝스)
8. 팝스 문의 사항은 학년 담당 체육 교사에게 질문

문의 사항은 보건실(119)로 언락 주세요~~

검사 당일 아침에도 다시 안내한다. 사람은 망각의 동물이라고 자주 잊어버린다. 어제 일도 가물거릴 때가 많은데, 아무리 학교행사일지라도 2주 전에 받은 메시지를 기억하지 못한다. 그래서 그 전날이나 당일 다시 메시지를 보낸다. 내용은 그전에 보낸 내용을 추가하거나 수정하여 보내면 된다. 메시지를 보낼 때는 최대한 자세히 적어서 보내면 좋다. 학생들이 보건실에 오는 시간을 1시 40분이라고 정해서 안내하면 교사가 다른 궁금점이 생기지 않는다. 교사들의 성향이 원칙, 규정에 익숙한 경우가 많기에 자세히 제시하면 다른 고민없이 그대로 학생에게 전달하면 되기 때문에 오히려 도움이 될 수 있다. 이런 것을 심한 간섭이나 침해처럼 생각할 수도 있겠지만 그 반대로 생각하는 경우도 많기에 자세히 적어서 보낸다. 검사 후에 나이스 입력 방법에 대해서 당일 안내한다. 나이스 입력에 대한 내용만 따로 안내하면 아무래도 담임교사 입장에서 할 일은 받은 느낌이 더 크기 때문에 검사날 바로 안내하는 것이 좋다. 이런 것도 일을 해보니, 알게 된 노하우이다. 참고하면 좋을 것이다.

대부분의 학교에서는 키, 몸무게를 팝스 담당인 체육 교사가 하고 있다. 우리 학교 같은 경우, 내가 이 학교를 처음 왔을 때, 체육 교사가 나이가 많았고 일들이 많았다. 그래서 '신체검사란' 날을 정해서 진행하게 되었다. 사실, 3시간씩 잡아서 하기에는 시간 낭비이지 않나 하는 생각도 있다. 하지만 일반적으로 체육 교사가 팝스의 영역인 키, 몸무게를 측정하고 있다. 시력 측정까지 함께 하는 경우도 있다. 학교 상황에 따라서 보건교사가 할 수도 있지만, 대부분은 일반적인 대세에 따라서 일을 하면 될 것이다.

현재는 신체검사 날이 따로 없다. 키, 몸무게, 시력 측정이 전부이기 때문에 이 항목은 특별히 날을 정해서 하지 않아도 된다. 고등학교인 경우, 1학년은 병원에서 실시해야 하고 2, 3학년은 학교에서 실시하는데, 키, 몸무게는 팝스의 영역으로 인지하고 있기에 체육 교사가 주최가 되어 측정을 실시하고 있다. 방법도 다양해, 팝스 날을 정해서 하는 학교도 있지만 대부분은 체육 시간에 자동측정기를 이용해서 키, 몸무게를 측정하고 있다. 만약, 신체검사 날을 정해서 한다면, 위의 메시지를 참고해서 고 2, 3학년 검사하면 되겠다. 중학교, 초등학교도 마찬가지일 것이다.

소변검사

연초 요양호자를 파악하다가 나는 깜짝 놀랐다. 보건실에 자주 오는 예의 바른 학생 한명이 당뇨병이라는 것이다. '이 학생은 굉장히 건강했었다. 그런데 왜?'라는 생각이 들었다. 작년까지 정상이었다. 당뇨병 진단과는 거리가 먼 학생이었다. 이 학생이 어느 날, 보건실에 왔길래 나는 물어보았다.

"지호야, 어떻게 당뇨병을 진단받게 되었어?"

"네. 선생님, 괜찮았었는데, 학교에서 했던 소변검사에서 약간 비정상으로 나와 보건 선생님께서 재검사하시라고 해서 병원 가서 검사했는데, 당뇨병 진단을 받았어요."

　어찌하였든, 빨리 병을 발견한 것은 다행스러운 일이다. 당뇨병이 있더라도 관리만 잘하면 크게 문제가 되지 않는다. 학생의 말로는 자신이 단 것을 엄청 많이 먹었는데, 그것이 화근이었던 것 같다고 말했다. 그것처럼, 일시적으로 병이 생길 수도 있는 것이다. 학생은 지금, 치료가 잘되고 있다며 긍정적으로 생각하고 있었다. 나 또한 학생의 반응에 그나마 마음이 덜 무거워졌고, 약 복용 잘하고 하루빨리 건강해지자고 응원의 말을 전했다.

　학교에서 하는 소변검사로 인해 당뇨병을 찾아내는 경우가 종종 있다. 고등학생이고 건강하기에 설마 당뇨병이 걸리겠어 하는 생각이 일반적인 생각이다. 하지만, 요즘 시대에는 당뇨병 학생도 많다. 식습관에 문제가 있을 경우 당뇨병이 발생하기도 한다. 소변검사는 스틱으로 소변을 묻혀서 간단하게 검사하는 것이지만 그것의 가치는 결코, 작지 않다.

〈내일, 2 · 3학년 소변검사 실시 안내〉

안녕하세요
다음 주 수요일(3/22) 2, 3학년 소변 검사가 있습니다.
아래 내용 참고하여 주세요

가. 건 명 : 소변 검사 실시
나. 대 상 : 고 2, 3학년 학생
다. 일 시 : 3월 22일(수) 09시 10분부터
라. 방 법 : 수업 중에 검사 요원이 교실 순회하면서 검사 실시
(이동수업, 체육수업 상관없이 검사 담당자가 알아서 검사실시 예
정.)
마. 검사비 : 전액 학교 지원.

오늘도 고생 많으십니다.

소변검사도 신체검사처럼 고 2, 3학년 학생들 대상이다. 고1 학생은 병원 검진을 통해서 모든 검사를 실시한다. 2, 3학년 만이 따로 학교에서 일일이 검사기관을 불러 검사를 한다. 소변검사도 2개 학년이니, 대략 500명 가까이 검사를 한다. 방법은 위의 안내 메시지대로 수업 시간에 임상 요원이 교실을 순회하면서 실시하게 된다. 수업 중, 노크하고 교실로 들어가서 소변검사를 한다고 이야기하고 소변검사의 목적을 설명한 뒤 학생들에게 소변 검사용 스틱을 하나씩 나누어주고 화장실을 다녀오게 한다. 만약, 앞 반의 학생들이 같은 층을 사용하고 있다면 한층 아래 화장실을 이용하라고 안내를 한다. 학생들이 이미, 가정통신문을 받은 상태라 소변검사를 어떻게 하며, 왜 하는지 잘 알고 있다.생리 중인 학생도 그냥 다른 학생들처럼 검사를 한다. 생리 중일 때는 그 사

실을 임상 요원에게 미리 말해서 스틱을 보고 결과를 판단할 때 참고하도록 하면 된다. 검사 요원은 미리 준비해서 드린 명렬표에 체크를 한다. 검사 결과, 미검자를 함께 체크해서 검사 인원, 미검자, 재 검사 명단을 나중에 알려준다. 고등학교는 대부분 이동수업이 거의 매일 있지만, 이동 수업은 크게 문제가 되지 않는다. 검사 요원이 그것을 감안해서 검사를 진행한다. 대부분 베테랑이라서 보건교사는 처음 시작할 때만 도와주고 보건교사는 보건실에서 업무를 하면 된다.

3월 22일(수), 내일은 2, 3학년 학생 소변검사가 있습니다.

〈담임교사 협조 사항〉

학생들, 검사 참석할 수 있도록 되도록 결석, 조퇴
지양할 수 있게 지도 부탁드립니다.
(나이스 입력은 향후 다시 안내 드립니다.)

〈교과교사 협조 사항〉

검사는 수업 중 진행되므로 검사 실시시
다른 반 수업에 방해되지 않도록
정숙 지도 부탁드립니다.
감사합니다.

검사 전날 다시 메시지를 보낸다. 전체 교직원을 대상으로 메시지를 보내야 한다. 학교에 있는 행사이기에 전 교직원이 알고 참고할 수 있도록 한다. 복도에서 하얀 가운을 입고 다니는 검사 요원을 보고 누군지 몰라 당황하지 않도록 미리 전체 메시지를 보낸다. 전날, 메시지는 좀 더 주의해서 메시지를 받아야 할 대상자를 나누어서 보내도 된다. 위의 메시지처럼 담임이 해야 할 역할과 수업 중 교과 교사가 해야 할 역할에 대한 협조를 나누어서 간단하면서 이해하기 쉽게 글을 적어 메신저로 보낸다. 외부 요원이 학교를 방문해서 검사를 진행할 때, 최대한 결석이 없도록 하는 것이 중요하다. 방문 때 검사를 해야지 학생도 학교도 번거로운 일이 없다. 소변검사는 그나마 미검자를 위해 스틱을 띠로 챙겨주시기에 그것으로 간단히 미검자 검사를 할 수 있어 다행이다. 그래도 될 수 있으면 결석하지 않도록 담임교사의 훈화 협조가 필요하기에 반드시 그 부분을 담임교사가 인지하여 지도할 수 있도록 해야겠다.

〈소변검사 미실시 학생관련 안내 및 나이스 입력 방법 안내〉

금일 2, 3학년 소변 미검자 명단입니다. (아래 파일 참고)

미검 학생들은 보건실로 보내주시면

보건실에서 검사하겠습니다.

소변검사 나이스 입력방법은

나이스-보건-항목별 등록-별도검사-소변검사

1. 검진 일자 : 03. 22.

2. 검진 기관 : 한국학교보건협회

입니다.

*순회 학생 검사는 순회 담당 교사께서 보건실 들러주시면

검사방법 안내 드리겠습니다.

검사종료 후 메시지는 역시, 미검자의 검사방법과 나이스 입력 방법에 대한 안내이다. 학생들의 검사는 법에 규정되어 있어 전원 검사를 실시한다. 검사 후에는 반드시 그 결과나 검진 기관, 검진 날짜를 간단히 나이스에 입력한다. 소변검사의 경우는 후자의 방식으로 나이스에 입력한다. 입력은 담임교사가 주로 입력하기에 입력 방법에 대해서 자세히 안내한다. 담임교사는 해마다 하는 일이지만 1년 전의 일이라 잊어버린다. 자세히 적어주고, 질문 사항이 있어 전화 올 때도 역시 상세히 설명해주면 된다. 한해에 대략, 5명 이내로 결과가 비정상적으로 나와서 일반병원 검진을 권한다. 일반병원에서 재검진을 한 학생들은 반드시 그 결과지를 다시 제출하도록 해서 최종 이상 여부를 확인한다. 대략 5명 내외의 학생이기에 최종 건강 상태를 확인하는 것을 그리 어렵지 않다. 사실, 500명 가까이 검사하는 이유는 이런 이상소견의 결과자

의 건강을 지키기 위함이지 않을까 생각한다. 마지막에 이상소견자를 잘 관리하는 것이 보건교사의 역할이다.

학생 소변검사는 병원 검진 학년인 1학년은 제외하고 2, 3학년 대상으로 실시한다. 소변검사는 신장(콩팥)뿐아니라 전반적인 몸 상태의 이상 유무를 확인하는 것이 목표이다. 이 검사를 통해서 학생들은 당뇨병의 진단을 받는 경우가 가끔 있다. 간단한 검사이지만 학생들의 당뇨병을 발견하는데 결정적인 실마리가 된다. 학생들은 어리고 대부분 건강하기에 당뇨병, 고혈압, 기타 성인병이 있을 것이라고 상상하지 못하는데, 이런 병이 학생들에게도 소소하게 발견되고 있다. 조기에 발견하면 충분히 관리할 수 있다. 그래서 소변 검사가 중요하다. 이런 중요한 검사를 위해 보건교사는 전, 중, 후로 나누어서 전체 메시지를 보낸다. 1주나 2주 전에 소변검사가 있음을 미리 알리고 검사 하루 전날에도 역시 안내한다. 전날 중요한 부분에 대해서 안내를 하면 하루 전이기 때문에 잊지 않고 협조가 잘 이루어진다. 검사 후에는 역시 마지막 마무리에 대한 것, 즉, 주로 나이스 입력이나 이상소견자 관리에 대해서 추가 메시지를 보낸다. 메시지에도 항상 전, 중, 후로 시간 차를 두고 보내야 한다는 것, 그래야 기억을 되살려주어 더욱 원활한 협조가 가능하다는 것, 기억하면 되겠다.

결핵검사

〈교직원 결핵검사에 대해서 안내합니다〉

호적상 출생년도가 홀수인 교직원께서는 홀수 해인 올해 공단 검진 해이기에 병원에서 검진받으실 때, 결핵 검사도 포함되어 있으시니 검사를 받으시면 됩니다.

올해 공단 검진 해가 아닌 짝수년도 출생 교직원께서는 개인적으로 병원 방문 결핵 검사 실시 계획이 없으시다면 월요일, 학생 결핵 검사 때, 엑스레이 버스가 오니 학생들과 함께 검사받으시면 됩니다. 학교에서 검사비를 지원합니다.

교직원은 1년 1회 결핵 검사가 의무사항입니다. 또한 잠복 결핵(혈액 검사)과 결핵 검사(엑스레이 촬영)는 다른 검사임을 참고해주세요

2, 3학년 고등학생들의 결핵 검사는 학교에서 진행한다. 결핵 검사 진행 2주 전쯤, 가정통신문을 발송하고 어떤 방식으로 검사를 진행할지 안내메시지를 보낸다. 물론, 결재가 난 이후에 실시한다. 학생검사 시 필요한 교직원의 결핵 검사도 함께 실시한다. 공단 건강검진의 해가 아닌 교직원이 주로 희망한다. 실제 검사를 진행해보니, 고1 병원의 출장 검진과 결핵 검사가 가장 신경이 쓰이고 보건교사의 입장에서 큰 행사 중의 하나이다. 결핵검사는 교사까지 챙겨서 함께 진행함으로 더욱 에너지 소모가 필요한 검사이다. 교사들은 2년에 1회, 국민건강공단에서 의무 건강검진을 받는다. 보통 태어난 해가 짝수 해이면 짝수 해에 검사를 실시한다. 그래서 검신 해에는 건강 검신할 때 실시하고, 검진 해가 아니면 학교에서 학생들 결핵검사를 할 때, 검사하면 된다.교사의 결핵 검사는 해마다 해야 하는 것이 의무사항이다. 그래서 교사 개인이 검사를 알아서 받아야 하지만, 학교에서 학생들 결핵 검진을 하니 교직원이 원할 경우 함께 검사해주고 있다. 물론, 예산도 학교에서 지원한다. 그런데, 이 부분을 헷갈려 하는 교직원이 있다. 그래서 미리 여러 번 안내메시지를 보낸다.

〈엑스레이 버스 지금 도착, 시작할 때 연락드리겠습니다.〉

안녕하세요 선생님
결핵검사 엑스레이 차가 문제가 좀 있어서 이제 막 도착했습니다.
준비는 대략 20분 정도 걸릴 것 같아요. 시작하게 되면 2학년 1반부터 순서대로 검사하겠습니다. 국가 의무검사라 죄송하지만 이동수업은 조금 자제해주시면 감사하겠습니다.

09시 10분, 즉 1교시부터 검사를 시작하겠다고 했는데 엑스레이 검진버스가 9시가 넘어도 도착하지 않았다. 나는 당황스러웠다. 전화도 없어서 결국, 기다리다 전화를 했다. 전화를 해보니, 차량의 문제가 생겨서 간단히 수리 후 출발한다는 것이다. 가만히 생각해보니, 작년에도 늦었던 기억이 갑자기 났다. 대한결핵협회의 본부는 수원에 있지만 우리 지역 담당 하는 사람은 버스를 주변 지역에 주차해두는데, 그 주차 이후 출발하는데 애로사항이 생겨서 지체 되었다는 것을 나중에서야 알았다. 어찌되었든, 늦는다는 이야기를 듣고 바로 전체 메시지를 간단히 보냈다. 검진 버스가 도착하고 준비를 시작했을때도 간단히 상황에 대해서 메시지를 보냈다. 결핵검사는 외부에서 버스가 오는 것이고 학교 내 모든 교직원이 알고 있어야 하기에 전체 메시지를 보낸다. 그리고, 결핵검사는 특히, 검사관련 메시지 발송이 많다. 그래서 미리, "오늘은 결핵검사 관련 전체 메시지가 많을 것으로 판단되어 미리 양해 말씀드립니다."라는 메시지를 사전에 보내놓으면 많은 메시지에 대한 불만이 없다. 또한, 메시지 내용중에서 빠지지 말아야 할 부분이 '이동수업'에 관한 내용이다. 고등학교에서는 매일 이동수업이 있다고 볼 수 있는데 다른 반으로 이동하여 여러 반 아이들이 섞이게 된다. 사전, 이동수업 자제 협조 메시지를 보내야 한다. 이 부분을 학년 부장과 상의해도 좋다. 국가 의무 검사란 점을 강조하여 가급적 이동수업 자제해달라는 안내메시지를 미리 보내놓아야 검사 시 혼동이 줄어든다.

〈결핵검사 시작했습니다. 〉

결핵 검사 준비 완료되어 2학년 1반 검사 시작했습니다. 아래 내용 참고해주세요.
  1. 검사는 오전이나 점심시간까지, 진행할 수 있다고 합니다.
  2. 검사 희망 교직원께서는 자유롭게 검사 실시해주세요
  3. 금일 오전 중에는 죄송하지만, 이동수업은 자제해주시면 감사하겠습니다.
  4. 수업 중 이동시 교과 선생님께서는 다른 반 방해가 되지 않도록 정숙지도 부탁드립니다.

시작 시간의 문제로 지체된다는 메시지를 사전에 보냈다면 준비 완료되어 시작했다는 메시지도 보내야겠다. 2, 3학년 검사이

니, 2학년부터 순서대로 실시한다. 가끔, 특별히, 먼저 검사를 하면 좋겠다는 연락이 오는 경우가 있다. 그럼, 순서를 먼저 할 수 있도록 조정해준다. 주로 시험 기간 중에는 이런 검사에 교사들이 예민해진다. 그래서 검사 날 잡는 것에 조금 주의를 해야겠다. 가장 좋은 시기는 시험 직후의 시간이다. 이때는 수업 진도를 급하게 빼야 할 이유가 없어진다. 그리고 시험 전, 중요한 부분을 미리 알려주고 공부할 수 있는 분위기를 만들어 주어야 할 급한 이유도 사라진다. 그래서 검사 날짜를 잘 잡는 것이 원활한 검사 진행에 큰 영향일 미칠 수 있다고 할 수 있다.

〈2・3학년 결핵 미검자 검사방법 안내〉

안녕하세요

학교 내 감염병 예방을 위해 학생 결핵 검진은 의무검진으로 모든 학생이 검진을 받도록 하고 있습니다. 본교 8월 22일 실시한 결핵 검진시 검진을 받지 못한 학생은 보건소나 인근 병원을 이용하여 검진을 받을 수 있고, 특별히, 보건소는 무료검진이 가능하니 미검 안내 가정통신문 지참하여 갈 수 있도록 지도 부탁드립니다. 2, 3학년 반별 검진 완료 명단과 함께 미검 안내 가정통신문 파일 첨부하니 참고하여 주세요.

＊ 보건소 무료검진은 8월 30일까지 입니다. 점심시간 제외, 5시까지 검진, 기타 자세한 내용은 가정통신문 확인해주세요.

＊ 문의사항은 보건실(119)로 주세요.

검사 후에는 항상 미검자가 남는다. 이 미검자가 검사를 받을 수 있도록 하는 것이 마지막 절차이다. 결핵 검사는 보건소에서 무료로 진행해준다. 학교의 가정통신문을 챙겨서 무료로 검사가 가능한데, 점심시간과 검사 종료 시간이 있어서 이 시간만 잘 맞추어서 방문하면 된다. 결핵 검사를 하지 못한 교직원은 보건소에서 무료가 아니다. 일정한 금액을 지불해야 한다. 지역사회 건강을 챙기는 보건소에서 학생한테만 주는 혜택으로 봐야겠다. 그리고 보건소 무료검진 날을 일정하게 정해준다. 보통 2주 이후까지 가능하다고 알려주는 데, 이것은 빠른 검사 완료를 위한 노하우일 수 있다. 언제든 보건소 방문하여 검진할 수 있다고 하면 나중에 해도 된다는 생각으로 결국 검사를 하지 못할 가능성이 생긴다. 그리고 보건소의 입장에서도 기간을 정해서 오기를 희망한다. 다른 업무의 방해를 최소화하기 위해 학교에 요청한다. 그래서, 검진 가능 기간을 일주일 정도로 정해서 알려줘야 한다는 점 참고하면 좋을 것이다. 검사 이후, 나이스 입력을 담임에게 안내해주는 작업도 동시에 안내하면 된다. 보통, 검진일과 검진기관 입력이다. 일괄등록이 가능하니, 미검자만 빼고 일괄등록하고 미검자는 보건소 검진후 학생이 결과지 제출하면 입력하면 된다고 안내해준다. 해마다 하는 일이지만 해마다 새로운 일처럼 느껴지는 일들이 있다. 교사가 느끼는 보건 관련 일일 것이다. 보건교사도 마찬가지, 다른 부서의 일은 해마다 생소하다. 그런 점을 감안하여 최대한 자세한 안내메시지를 적어서 보내주면 좋다.

학교 내 해마다 실시하는 굵직굵직한 검사가 몇 가지 있다. 보건교사의 업무 중에서 평상시 다치고 아픈 아이들을 처치하고 케어해 주는 것도 중요하지만 의무 검사를 잘 진행하고 검사 누락된 미검자를 끝까지 잘 챙겨 학생과 학교의 건강을 유지, 증진하는 일도 아주 중요한 일이란 생각이 든다. 해마다 루틴으로 실시하는 검사, 고1 출장 검진이나 병원 검진, 2, 3학년 소변검사, 2, 3학년 결핵 검사의 각 특성별 유의사항을 잘 숙지하여 가급적 세밀한 안내로 담임교사, 교과 교사, 다른 교직원들의 관심과 협조가 가능할 수 있도록 해야겠다. 2, 3학년 결핵 검사는 특별히, 교직원도 함께 검사함으로, 조금 더 신경 써야 할 부분은 바쁜 교직원을 위해 빠르게 검사할 수 있도록 배려하고 최대한 수업에 지장이 없도록 도와주어야 한다. 그래서 검사 시간이 학생과 겹치지 않도록, 아침에 먼저 실시하거나, 결핵 검사가 오후까지 실시된다면 점심시간에 잠깐 실시하도록 해도 된다. 30학급으로 치면 대략 40명 이내로 교직원 결핵 검사 인원이 정해지니, 상황에 맞게 학생과 최대한 덜 겹치도록 안내해서 검사를 실시하면 되겠다. 학교 내 구성원들의 건강을 챙기는 기본은 검사이다. 병원에서도 검사후 의사의 진료가 이루어진다. 결핵을 조기에 발견하는 결핵 검사는 학교 내 '결핵'이란 감염병의 발생과 예방을 위해 중요한 영역이므로 한 사람의 검사 누락자도 생기지 않도록 최선의 노력을 해야겠다.

교직원 심폐소생술 교육

─────────

신규 체육 교사가 체육 수업 중에 갑자기 쓰러진 학생의 생명을 심폐소생술을 해서 구했다는 뉴스가 나왔다. 신규라면 임용된 지 1년 아니면 2년 정도 된 교사다. 모든 것이 서툴고 어색하며 교사 생활에 하나씩 적응해 가는 중인 교사인데, 정말 대단한 일을 했다고 생각한다. 모든 것이 긴장상태였을 그 신규 교사가 심정지 상태인 중학생을 살려낸 것이다. 이것은 당연히 응급처치 교육의 덕분이라고 할 수 있겠다. 심폐소생술교육은 교직원이 해마다 실시해야 하는 의무교육이다. 성교육을 포함해서 매년 받아야 할 교육 중의 하나이다. 의료 전문가인 나도 심폐소생술에는 자신이 없었다. 나는 대한적십자 협회에서 실시하는 응급처치 강사 양성과정을 마친 후에야 비로소 심폐소생술에 자신감을 가질 수 있었다. 군 병원에서 9년이란 시간을 간호장교로 근무를 섰지만, 심정지 환자를 본 경우는 한 번도 없었다. 응급실이나 중환자실 근무자가 아니면 의료인이라고 해도 심정지 환자를 보기 쉽지 않다. 자신이 근무서는 과의 환자에 맞는 케이스를 주로 보게 된다. 난, 이비인후과 병실과 신경외과 병실, 수술실, 이렇게 근무를 섰었다. 9년의 시간 동안 한 번 쯤은 심정지 환자를 대면했을 법도 한데 운이 좋았던 건지, 아니면 그 반대인지, 한 번도 심정지 환자를 경험해보지 못했다. 그래서 학교 근무를 서면서 항상 심폐소생술에 관한 공부가 필요하다고 생각했었다. 그러던 차에 응급처치 강사 양성과정의 교육을 받게 되었고 방학 동안, 9일간을 아침 9시부터 저녁 6시까지 풀로 이론과 실습 교육을 받았다. 그 덕분으로 지금은 어느 정도 '나도 심폐소생술을 할 수 있겠다.'라는 확신을 가지게 되었다. 의료인이지만 9일 동안 매일 8시간씩 교육을 받고나서야 나는 자신감을 가지게 되었다. 교직원들은 1년에 1회, 고작 3시간이다. 그렇기에 해마다 받아서 역량과 자신감을 가지도록 해야 한다. 결국, 심정지 환자인 경우에는 골든 타임이 있기 때문에 발견한 사람이 119신고 후 바로 심폐소생술을 실시해야 한다. 학교에서도 마찬가지이다. 보건교사만 기다리고 있을 수 없는 위급한 상황이다. 그렇기에 모든 교직원은 1년에 3시간이라도 반복해서 받아서 소중한 생명을 구하는데 필요한 심폐소생술 교육을 몸에 익히는 것이 당연하다.

〈교직원 심폐소생술 연수 안내〉

안녕하세요
교직원 의무교육인 심폐소생술 연수(3시간)를 2차 지필시험 기간 중 대면으로 실시하려고 합니다.
응급상황 발생 시, 즉각적으로 심폐소생술을 실시하기 위해 해마다 반복 교육을 받고 있습니다.
자세한 일정은 아래와 같습니다.
1. 일시 : 6월 29일(목) 13:30
2. 장소 : 이론 강의 –시청각실(1시간), 실습강의-강당(2시간)
3. 강사 : 외부 전문 강사
*날짜는 6월 26일 아니라 6월 29일입니다.^^
*기타보건실 행사 일정 : 7/7 - 1학년 출장검진, 7/12- 2, 3학년 신체검사 참고해주시고 오늘도 좋은 하루 되세요.

교직원 대상으로 한 심폐소생술 교육은 코로나 팬데믹 상황에서는 실시하지 않았다. 국가 재난 상황에서 법으로 정해진 교직원의 응급처치 교육을 연기할 수 있었다. 코로나 대응이 우선이고, 또한 코로나 확산 예방을 위해 대면 교육이 전면 폐지된 상황에서 응급처치 교육이 불가능했다. 학생들 교육도 대면에서 비대면으로 바뀐 상황이었기에 교직원 연수 또한, 비대면이거나 연기되었다. 그래서 한동안 교직원 의무연수를 특별히 신경 쓰지 않아도 되었다. 하지만, 코로나19도 잠잠해지면서 교직원 연수를 다시 시작했다. 응급처치 교육은 이론과 실습을 연달아 할 경우에 총 4시간에서 3시간으로 줄어든다. 만약, 따로따로 실시하게될 경우에는 각각 2시간씩 받아야 하는 것으로 정해져 있다. 이론과 실습 연달아 받을 경우, 주로 이론을 1시간 정도 실시하고, 실습에 주안을 두어 실습을 2시간 실시한다. 보통 30학급 정도 되면교직원이 100명 가까이 되기 때문에 실습시간이 2시간으로 빠듯하다. 그래서 나는 애니 인형이나 하임리히법 실습 조끼, 기타 도구를 대량 준비해올 수 있는 업체와 연수를 실시했다. 나는 이미응급처치 강사 자격증이 있기에 이론 강의를 맡았다. 강사 자격증 취득은 경기도 교육청에서 지원한 교육비로 실시하게 되었다. 대신, 자신이 근무하는 학교와 강의를 요청하는 인근 학교의 교육을 담당해야 한다. 보건교사는 그 조건으로 교육을 받게 된다. 강의에 대한 부담감이 있어서 강사과정을 신청하지 않겠다는 보건교사도 많지만, 그래도 응급처치 역량을 키우는 데는 이것보다좋은 교육도 없다고 나는 생각한다. 강사가 되기 위해서 내가 잘알고 있어야 하기에 머리에 인이 베이도록 응급처치의 이론과 실습을 확실히 배우고 익히게 된다.

교직원 연수는 주로 학생들의 시험 기간에 실시한다. 학교에서 실시하는 시험은 보통 1년에 4회이다. 1차 지필평가와 2차 지필평가인데, 이것을 1, 2학기로 나누어서 실시한다. 가급적 나는 1학기에 연수를 실시하려 한다. 1년을 안심하고 살기 위해서는 1학기에 실시한다. 우리가 쉽게 간과하는 것은 의료인이 가까이 있을 때는 응급 상황시 의료인이 알아서 처리한다고 생각할 수 있는데, 사실, 심정지 환자를 발견하는 사람이 바로 심폐소생술을 시작해야 한다. 4분 이후부터 뇌에 산소가 공급되지 않으면 영구적인 불구나 사망에 이른다. 그렇기에 의식을 잃은 사람을 발견할 경우, 주변에 119 신고를 부탁하고 보건교사를 부르게 한 뒤 발견당사자는 바로 심폐소생술을 실시해야 한다. 이것을 실시하더라도 심장까지 압박의 힘이 가기 위해서는 5cm 이상을 눌러야 하는데 힘과 기술이 부족해서 적절한 심폐소생술을 시행하지 못할 수도 있다. 또한, 비의료인은 자신없을 경우 인공호흡은 생략하고 심장 압박만이라도 제대로 하라고 권했지만, 지금은 코로나19 상황도 거의 종료 상태라 다시 인공호흡을 실시해야 한다. 심폐소생술은 한 번 연수 받는다고 다 알고 시행하는 것이 아니기에 반복적인 연습이 필요하다. 될 수 있으면 한해의 초기에 교육을 실시하여 만일의 심정지 상황에서도 학교 내 구성원이라면 누

구나 적극적으로 생명을 구할 수 있도록 하려고 한다. 시험 기간
에는 연수가 많다. 응급처치 교육뿐 아니라 다른 부서에서도 꼭
해야 할 연수를 시험 기간에 실시한다. 하지만, 응급처치 교육처
럼 장시간의 연수는 없다. 꼬박 3시간을 채워야 하는 교육, 생명
을 다루는 교육이기에 교직원들은 이 시간만큼은 내 가족, 우리
반 학생, 내 동료의 생명을 구한다는 생각으로 열심히 연수에 참
석한다. 연구부에서는 교직원의 연수이다 보니, 음료와 빵, 기타
먹을 것을 준비할 때도 있었다. 보건교사가 미처 생각하지 못한
부분이었는데, 연구부에서 그렇게 챙겨주니, 더욱 화기애애한 분
위기에서 즐겁고 의미있게 교육을 받을 수 있었다.

일부 학교에서는 해마다 하는 연수라고 약식으로 하는 경우도
있다. 하지만, 응급처치 교육은 절대 가볍게 해서는 안되는 연수
이다. 생명을 구하는 일이기 때문에 원칙대로 이론과 실습을 연
달아 3시간은 꼭 채워서 내실있게 교육을 실시해야 한다. 앞에서
도 잠깐 이야기했지만, 3시간은 그리 긴 시간은 아니다. 하지만,
일부 깊이 생각하지 못한 교직원 중에서는 "2시간으로 줄여달라,
해야할 다른 일들이 있다. 더 중요한 일들도 많다."라는 요청을
하는 경우가 가끔 있는데, 절대 시간을 줄여서 연수해서는 안 된
다. 생명을 구하는 것처럼 중한 일이 어디에 있겠는가? 이런 요청

은 고민할 것도 없다. 법대로, 원칙대로 3시간 풀로 채워야 한다. 또한, 비용이 나가더라도 전문 외부강사한테 제대로 교육을 받을 수 있도록 해야 한다. 교직원 인원이 많을 경우에는 아무리 강사 과정을 이수한 보건교사라고 하더라고 혼자서는 교육을 실시해서는 안 된다. 이론과 실습 강사를 구분해서 외부 강사와 함께 응급처치 교육을 실시해야 한다. 무리하게 초과된 인원을 교육하는 것은 교육의 효과가 떨어진다. 사실, 응급처치 교육에서 실습이 이론보다는 더 중요하다. 학생들 응급처치 교육도 마찬가지이다. 초등학생이 심폐소생술로 가족을 구한 사례가 많다. 학교의 응급처치 교육을 통해 귀한 가족의 생명을 구했는데, 중고등학교 학생은 더 잘 구할 수 있다. 다만, 교육을 제대로 받았을 때 가능하다. 한 번이라도 제대로 교육을 받았다면 응급상황에서 몸이 먼저 움직여 사람의 생명을 구하게 될 것이다. 그래서 학생 교육도 당연히 전문 강사에게 의뢰할 것을 권한다.

또한, 메시지를 보낼 때, 보건실의 행사 일정을 추가로 보내 참고할 수 있도록 하면 좋다. 보건실에서는 전 교직원, 전 학생을 대상으로 하는 행사가 내부분이나. 직접적으로 많은 사람을 대싱으로 일을 한다. 그래서 미리 참고할 수 있도록 일정을 여러 번 반복해서 메시지로 보내주면 교직원들은 잊지 않고 잘 기억하게 된다. 메시지가 좋은 것이 그것이다. 여러 번 보낼 수 있다는 것. 보내는 사람도 받는 사람도 부담없이 주고 받을 수 있다는 것이 좋다. 전화해서 구두로 반복하기는 쉽지 않다. 전화하는 사람도 받는 사람도 말로 반복하는 것은 번거롭고 스트레스요인이 될 수 있다.

　교직원 심폐소생술 교육은 해마다 반복해서 실시해야 한다. 중요하기 때문에 해마다 훈련 연수를 한다. 학교에서 메스컴을 탈 수 있는 경우는 무엇일까? 생각해봤을 때, 서론 부분에서 잠깐 언급했던 심정지 상황이다. 심폐소생술 실시를 통해서 생명을 살린 경우와 그 반대의 경우일 때 메스컴을 탄다. 해마다 교육을 받지만 쓰러진 학생에게 누구도 심폐소생술을 실시하지 못했고, 시간을 지체하여 돌이킬 수 없는 후유증이 생겼다면 어떻겠는가? 상상만 해도 끔찍하다. 그래서 더욱 심폐소생술교육은 가급적 학기 초에 철저하게 실시해야 한다. 언제 어느 때, 응급상황은 발생할 수 있기에 한 번이라도 더 연습하고 한 해를 시작하는 것이 안심이 된다. 다행스럽게도 교직원들은 심폐소생술 교육에 적극적이다. 요즘 심정지 사건 사고와 심정지로 생명을 구하는 사례가 많아졌기에 중요한 연수라는 인지가 사회 전반적으로 형성된 상태이다. 보건교사는 심폐소생술 교육의 주최자로서, 여러 가지 부담감이 있을 수 있지만, 이것처럼 뿌듯한 연수도 없다. 교직원 대상 연수이기에 연구부에서 혹은 안전교육이기에 학생부에서 하기도 하지만, 그래도 연수를 하고 나면 보람감은 그 어떤 업무보다 크다는 것을 느끼게 될 것이다. 왜냐하면 단 한 사람일지라도 절체절명의 위기에 빠진 귀한 생명을 구할 수 있도록 하는 연수이기 때문이다.

교직원들 성교육 연수

성교육을 하라고 권한다면 보건교사는 부담감을 느낄 것이다. 보건교사라면 누구나 이런 마음일 것이란 생각이 든다. 학교에서는 간호학을 전공한 보건교사가 성교육도 쉽게 할 수 있는 보건의 영역이라고 여길 수 있겠지만, 당사자인 보건교사는 그렇게 생각하지 않는다. 왜냐하면 성교육은 별도의 전문교육을 받아야 할 전문성이 요구되는 분야이기 때문이다. "성"의 범위가 광범위하기에 반드시 전문적인 교육이 필요하다. 하지만, 학교 현장에서는 학생들과 교직원의 성교육은 대부분 보건교사가 담당하고 있다. 간혹, 교직원을 대상으로 한 성교육 연수일 경우에는 담당

부서인 연구부에서 맡는 학교도 점점 늘어가고는 있다. 보건교사도 성에 관련된 지식수준은 일반 교사와 크게 다르지 않다. 즉, 문외한이긴 마찬가지이다. 인체 해부학적인 이론을 안다고 해서 다양한 실상과 이론을 바탕으로 강의해야 하는 성교육을 잘 할 수 있는 것은 아니다. '여성의 전화'나 '민우회', 기타 단체에서 일하시는 분들이라면 아무래도 "성"과 관련된 사건, 사고를 많이 접하고 피해자를 직접 상담해왔기에 오히려, 더 많은 능력을 갖춘 경력자가 많을 수 있다. 또한, "성" 교육을 위해 전문적으로 교육을 담당하는 기관도 있다. 전문 기관에서는 성교육을 담당할 강사들을 엄격하게 선별하여 일정 기간동안 교육시켜 현장에서 성교육을 담당하게 한다. 이런 곳에서 배출된 강사가 더 전문적이고 수준 높은 강의를 할 수 있다. 다행스럽게도 요즘은 대부분, 전문교육을 받은 능력있는 강사들을 섭외해서 교직원을 대상으로 성교육을 실시하고 있어 내실있는 교육이 이루어지고 있다.

성교육 담당 보건교사가 교직원 성교육 연수를 진행할 때 가장 중요하게 생각하는 것은 강사 섭외이다. 성교육 강사는 참으로 많지만 그들의 교육 성향도 수준도 천차만별이다. 그래서 입소문에 의해서 공인된 강사를 섭외하길 원한다. 일반교사를 대상으로 하는 연수이기 때문에 좀더 까다롭게 강사들을 초빙한다. 일반교사들은 밥 먹고 하는 일이 가르치는 일이다. 그들의 가르치는 기술이나 말주변을 따라갈 직업군이 흔하지 않다. 그렇기에 외부 강사에 대한 평이 엄격하다. 아직, 초보 강사이거나 티칭기술이 약한 강사라면 분명히 강의후에 부정적인 말들이 나오게 되어 있다. 결국, 초빙을 주관한 보건교사에게 원성이 돌아오는 경우도 간혹 있다. 그리고 그런 차원을 넘어서 이왕이면 성교육을 잘하는 사람을 섭외해서 제대로 성교육이 되도록 하고 싶은 마음이 크다. 말초 신경을 자극하여 오히려 호기심을 유발하는 교육보다는 성인지 감수성을 높일 수 있는 교육을 선호하는 것이다. 그러다 보니, 자연스럽게 보건교사 단톡방에 강의를 잘하는 성교육 강사에 대한 전화번호를 공유하게 된다. 또한, 질문도 한다. "요즘 강의 잘하시는 성교육 강사님 있으신가요? 있으시면 공유 부탁드립니다."라고 직접적으로 질문해서 서로 또 정보를 교환한다. 이런 상황이다 보니, 외부 강사도 스스로 연구하고 공부해서 실력을 쌓아야 이런 장벽을 극복할 수 있게 된다. 한편으로 외부 강사가 더욱 노력하도록 동기 부여한다.

〈외부강사 초빙 교직원 성교육 연수 안내〉

교직원 대상 성희롱, 성폭력 예방 교육을 다음과 같이 실시하고자 합니다.

　가. 일시 : 4. 27.(목) 14:00~15:00

　나. 장소 : 본관 1층 시청각실

　다. 외부강사 : K 강사(Ⅱ전문기관 성교육강사)

　교직원 대상 성교육 일주일 전에 전체메시지를 보낸다. 어떤 보건행사를 할 때는 항상, 시간 차를 두고 메시지를 보내야 한다고 했다. 메시지는 수시로 보낼 수 있어서 이런 점에서 메시지를 잘 활용하면 업무 효율을 높이는데 도움이 많이 된다. 사람의 기억이란 믿을 것이 못 된다. 메시지를 한번 보냈다고 전부 기억하는 교직원이 얼마나 될까? 나의 경우에는 달력에 바로 기입한다. 학교 내 중요한 일들은 탁상달력에 다 기록이 되어 있다. 대부분 교사들이 그렇게 하고 있겠지만, 너무 바쁜 나머지, 달력에 기록했다는 자체를 잊어버리기도 한다. 그리고 달력을 하루에 최소 1회 보지 않으면 무슨 일이 일어날 것인지 모른다. 그래서 항상 1주일 전에는 가볍게 대략적인 내용만 메시지로 알려준다.

　전 교직원에게 메시지를 보내기 전에는 반드시 결재가 먼저 완료되어야 한다. 외부 강사 초빙은 강사비가 나간다. 보통, 지역에 따라서 강사비는 다르다. 경기도인 경우에는 일반강사비는 13만 원정도 된다. 시간은 1시간이 기본이지만, 30분 이상 연장이 되면 금액이 또 오르고 강의를 듣는 인원에 따라서 금액은 추가된다. 그리고 원고료가 있다. 이것은 강사료 지급 지침이 있으니, 프린터해서 언제든 볼 수 있게 투명 파일에 넣어두면 된다. 잘 모르겠으면 행정실 담당자에게 다시 질문하면 된다. 품의 올린 것이 교장 선생님까지 결재가 나면 그때부터 본격적인 실전 업무가 시작된다. 메시지를 기본적으로 보내놓고, 강의할 장소인 시청각실 담당자에게도 연락한다. 학교마다, 어떤 교사인지에 따라 적극적인 협조를 해줄 경우가 있고 또 그렇지 못할 경우가 있는데, 지금의 학교에서는 조용히, 열심히 일하는 교사라 특별히 신경 쓸 것이 없었다. 시청각실에는 대면 강의를 위한 곳으로 강의할 수 있는 모든 시설이 갖추어져 있다. 강사는 USB 하나만 잘 챙겨오면 된다고 전달하면 된다. 옛날에는 강사가 노트북까지 챙겨서 들고 다녔는데, 요즘은 굳이 그렇게까지 하지 않아도 된다. 강사는 최소 강의 30분 전에는 도착해서 강의 준비를 한다. 본인의 강의이니, 본인이 직접 다시 강의 환경을 확인하는 것이다. 이것이 진정한 프로 강사라고 생각된다. 강의실 준비가 되면 이 일은 어느 정도 마무리가 된 것이다.

〈금일, 외부강사 초빙 교직원 성교육 연수 안내〉

금일 2시, 외부 전문강사 초빙 성교육 연수 있습니다.

당부사항 몇 가지를 전달 드립니다.

1. 포스트잇과 볼펜, 개인별로 준비해주세요
2. 10분 전에 등록부에 사인하시고 착석해주시면 감사하겠습니다.
3. 아무쪼록 유익한 연수 되시길 바랍니다.
4. 적극적인 경청부탁 드리며 궁금한 사항은 질문해주세요.

13시 50분에 뵙겠습니다.

외부 강사에 따라서 교육대상자가 준비해야 할 소정의 준비물이 있는 경우도 있다. 대부분은 그냥 맨몸으로 참석하게 한다. 준비해오라고 해도 바빠서 미처 챙기지 못하는 경우가 분명 있으니, 나의 경우는 필요한 포스트잇과 볼펜을 챙겼다. 교사들도 교육을 받을 때는 학생들과 비슷한 심리가 된다. 앞자리는 거부하고 가급적 뒷자리에 앉으려고 한다. 그래서 자리 정리를 해주면 좋다. 될 수 있으면 앞자리를 채워 줄 것을 부탁드리고 준비물을 나누어주며 등록부에 사인은 꼭 할 수 있도록 안내한다. 만약, 이것도 쑥스럽다고 생각한다면 생략해도 된다. 사실, 크게 중요하지 않기 때문에 보건교사 재량껏 하면 된다. 그리고 과거에는 교육 확인용 사진을 찍어야 하기에 날짜가 들어간 성교육 플랜카드를 뒤쪽에 크게 부착하였다. 플루트가 학교마다 있어, 종이로 크게 출력이 가능하다. 익숙하지 않은 보건교사는 이것을 출력할 때도 어려움이 많았었는데, 요즘은 이런 것도 생략하고 하고 있다. 하루 잠깐 쓸 건데, 종이이긴 하지만 대형 플랜카드를 허비할 필요는 없다. 그리고 메시지 전송할 때, 당일 보낸 메시지처럼 하루 전날에도 간단히 전 교직원에게 메시지를 보내주면 좋다. 하루 전에 보낸 것은 그 다음 날, 보통 잘 안 잊기 때문이다.

〈성교육연수 미참석 교직원에게 자료 배부〉

안녕하세요

어제 성교육 외부전문 강사가 강의하신 자료입니다.
출장, 연가, 기타 사유로 참석하지 못하신 선생님께서는
강의자료 한 번씩 읽어 주시고 등록부에 사인해주시면 합니다.
사인은 성함 먼저 쓰시고, 옆에 유인물의 "유"를 쓰시고 동그라미
로 표시하시면 될 것 같습니다. 등록부는 보건실에 있습니다. 번거롭
더라도 보건실에 잠깐 들려주시면 감사하겠습니다.

연수 후에는 연수를 참석하지 못한 교직원을 대상으로 메시지를 보낸다. 성교육은 의무연수이다. 그래서 연수 후에도 연수받은 사람의 사인을 받아서 결재를 받아 둔다. 다른 방법도 있다. 다른 기관의 연수를 받고 이수증을 보내달라고 할 수도 있다. 모든 행사를 하고 나서 또 결재를 받는 것은 아니다. 중요하다고 생각

하는 행사, 의무인 행사같은 경우, 실제 행사를 했다는 사실확인
용으로 결재를 받아서 흔적을 남겨두면 차후에 참고할 수 있다.

　교직원의 성교육 연수는 의무사항이다. 그래서 보건교사가 꼭
챙기는 업무 중의 하나이다. 코로나 시국에는 이것도 연기되거나
약식으로 해서 더 중한 코로나 대응에 모든 에너지를 집중했지
만, 코로나가 끝난 지금은 아니다. 요즘은 학생들이 성적으로 빨
리 성숙해지는 경향이 있기에 반드시 교사들도 성교육을 받아 현
상황을 인지하고 스스로 조심할 필요성도 있다. 직장 내 성희롱,
성폭력의 사례도 가끔 발생하는 상황인지라 교직원 스스로 성
적인 부분과 관련된 사항에 좀 더 민감하게 대처할 필요성이 있
다. 중요한 것들은 해마다 연수를 받으면서 마음을 새롭게 다져
야 한다. 눈에서 안 보이면 마음에서도 멀어져, '성' 관련 민감성
이 떨어질 수 있기에 다 아는 내용처럼 보일지라도 꼭 연수에 참
석할 수 있도록 해야겠다. 관리자일수록 성교육은 반드시 받아
야 한다. 해마다 연말에는 성교육상황에 대해서 보고를 하게 되
어 있다. 점수를 매겨 점수가 낮으면 여가부의 실사를 받을 수 있
다. 점수에는 관리자의 성교육 여부에 따라 점수 차가 많이 난다.
이런 상황에 대해 관리자에게 설명하는 것도 성교육 담당자인 보
건교사의 몫이다. 관리자 중에 모르는 분들도 있기에 상황을 설

명하고 관리자 교육을 잘 받을 수 있도록 해야겠다. 요즘은 특별히 관리자를 대상으로 한 성교육연수가 따로 있다. 이것이 공문으로 내려온다. 그럴 때도 연수를 받을 수 있도록 권해야겠다. 성사안은 언제 발생할지 모른다. 그때를 대비해서 관리자뿐 아니라 모든 교직원들이 성교육 연수는 꼭 챙겨서 받도록 신경을 써야겠다.

교직원 잠복 결핵 검사

―――――――――――

"선생님, 잠복 결핵 검사가 뭐예요?"

"엑스레이 검사는 했는데, 또 다른 검사를 해야 합니까?"

잠복 결핵과 일반 결핵 검사를 교사들은 헷갈려 한다. 잠복 결핵 검사는 2022년부터 새롭게 생긴 교직원 의무 검사이다. 결핵예방법이 바뀌면서 교직 생활 중 1회에 한해서 잠복 결핵 검사를 하면 된다. 법이 생겼던 2022년 해에는 그 이전에 고용된 교사들은 다음 해, 즉 2023년 6월까지 검사를 유예해준 공문이 내려왔다. 법이 생긴 이후의 신규 교직원은 잠복 결핵 검사 결과지를 제출해야 한다. 이 법이 생긴 2022년도에는 우왕좌왕했다. 기존 교직원은 다음 해까지 하면 되니까 시간적 여유가 있고 학교 예산을 책정하여 단체로 하면 되지만 당장, 당해연도의 교직원들은 검사를 해야 할 상황이었는데 갑자기 생긴 법으로 예산편성이 안 되어 있었다. 당장 보건실에도 코로나19 대응을 위해 고용된 방역 요원의 잠복 결핵검사를 실시해야 했다. '방역 요원의 검사 어떻게 해야 하나?' 관리자와 상의를 해야 했다. 그리고 역시, 문제가 발생했을 때는 보건교사 단톡방이 유용하다. 다른 학교는 이 문제를 어떻게 처리하고 있는지, 한참 잠복 결핵검사로 의견들이 많은 단톡방을 유심히 읽으면서 추이를 관찰했다. 학교마다 예산 편성이 안 되어 있으니, 일시적 신규채용자는 자비로 검사를 해 오게 한다는 학교도 있었고 아니면 검사 비용이 그 당시에만 해도 5만 원 대로 고가인 만큼, 학교에서 어렵지만, 검사비를 지불해 준다는 학교도 있었다. 현장에서는 법에 따라 검사를 해야 하는데, 갑자기 이렇게 법이 제정되어 혼란스러웠다. 잠복결핵 검사가 학교 현장에서 어떤 의미와 가치가 있는지 솔직히, 의문이긴 하지만, 법으로 제정되었다니, 어쩔 수 없는 상황이고 기존 교직원은 1회만으로 종료되지만 학교에서 수시로 고용되는 1달 이상의 신규 교직원의 검사비는 어떻게 해야 할 것인지 앞으로도 계속 논의가 필요하지 않을까 하는 생각이 들었다.

새로운 법 제정으로 어떤 일을 추진할 때 항상 예산이 중요한 것 같다. 물론, 새롭게 주어진 일을 어느 부서에서 누가 담당할 것인가도 중요하지만 일단, 돈이 있어야 누구든 추진한다. 이번, 잠복 결핵 검사같은 경우 이런 예산 문제가 발생했다. 그래서 보건교사들은 고민했다. 기존 교직원들은 1년의 시간을 벌었지만 어느 시기에 검사를 할 것인가이다. 그래서 생각했다. 이왕이면 신규 교직원도 함께 할 수 있는 시기가 좋지 않을까 생각했다. 그 시기는 3월이다. 아무래도 새해가 되면 교사들의 이동이 많고 기간제교사나 기타 일시적으로 고용되는 교사가 가장 많다. 잠복결핵 검사의 대상은 학교에 1달 이상 주기적으로 출근하는 사람이다. 교문을 지키는 배움지킴이 하시는 분도 검사대상에 포함시켰다. 그 외 간헐적이든 매일 나오시든 상관없이 1달 이상만 학교에 나오시면 무조건 검사실시하라고 연락했다. 결국, 3월 8일로 검사 날짜를 정하게 되었다.

학교에서 하는 검사는 학교와 병원이 상의해서 결정한다. 학교에서도 학생들의 행사나 기타 중요한 일정이 있을 수 있고 병원에서도 여러 학교의 검진을 맡고 있다면 조율이 필요하다. 학교의 일정은 교무부장이 잘 알고 있어 주로 교무부장과 상의했다. 하지만 지금은 메신저를 이용한다. 관련 부서의 부장, 모두에게 이날 잠복결핵 검사를 실시하려 하는데, 괜찮겠느냐? 라며 메시지를 보낸다. 그렇게 해서 가장 바쁜 3월에 결정하게 되었는데, 그것도 3월 말이 아니라 3월 초이다. 새 학년이 시작되자마자 검사부터 진행해야 한다. 이것이 보건교사에게는 부담이 된다. 학교에서 병원 불러서 검사하는 것이 보건교사가 직접 검사하는 것이 아니라 그냥 술술 어렵지 않게 한다고 생각할 수 있을지 모르겠지만 사실은 그것이 아니다. 학교에서 편하게 검사할 수 있도록 모든 세팅을 해두어야 하기에 세세하게 신경 써야 할 것들이 많다. 예를 들어, 장소를 정하는 것도 최대한 가장 무리없이 검사가 진행될 수 있고, 보건교사가 보건의 역할을 하면서 수시로 검사상소를 방문할 수 있는 곳으로 정한다. 왜냐하면 외부 검사 요원이기 때문에 갑자기 필요한 일들이 생길 수 있다. 가장 많이 생기는 외부 요원의 애로사항은 종료 시간은 다 되어가는데 선생님 한 명이 검사를 받으러 오지 않을 경우이다. 이때는 보건교사가 수업 여부를 먼저 확인을 하고 연락을 취해야 한다. 연락이 또 어디 쉬운가? 교무실 전화를 해도 없고, 그래서 제일 마지막 방법은 핸드폰 전화를 해도 없을 때는 정말 막막해진다. '이 사람이 나에게 안 좋은 감정을 가지고 있나?' 하는 어이없는 생각이 들 정도로 감정적으로 안 좋아진다. 보건실에는 아이들이 가득 차 있지, 검사 진행도 도와드려야지 그야말로 보건교사는 바쁜 시간이 된다. 하지만 다행스럽게도 교직원들은 협조를 잘한다. 그런 경우는 거의 없지만 간혹, 있을 수 있는 일이기에 참고로 하면 좋을 것 같다.

〈전 교직원 잠복 결핵 검사 실시〉

2022년 신설 보건법에 의해 전 교직원 잠복 결핵 검사 실시.
1. 일시 : 3월 8일(수) 08:00~10:00
2. 대상 : 잠복결핵 검사 하지 않은 교직원 (교직 기간 중 1회만 실시)
3. 비용 : 1인당 30,000원(학교 회계 전액 지출)
4. 장소 : 2층 보건실 옆, 일시적 관찰실
5. 방법 및 절차
혈액검사 실시 시간
* 08:00~09:00 : 부서 상관없이 오시는 순서대로
* 09:00~09:30 : 교무기획부, 교육과정부, 교육연구부, 정보환경부, 진로상담부, 1학년부, 통합교육지원팀,
* 09:30~10:00 : 2학년부, 생활인권안전부, 자연과학부, 인문사회부, 3학년부, 행정실

병원 사정에 의해서 출근 전 8시부터 검사를 시작했다. 9시에 출근이니 1시간이나 빨리 검사가 진행되는 것이다. 검사 시간은 병원에서 정했다. 우리가 관여할 수 있는 것이 아니었다. 잠복결핵 검사의 법이 제정된 지 얼마 되지 않았기 때문에 학교까지 방

문해서 검사하는 병원이 거의 없었다. 유일한 병원이었다. 그래서 학교의 상황에 맞춰달라고 말할 수 없었다. 다행스럽게 이런 사정을 메시지로 공유하고 이른 8시를 공지했더니, 이 검사 시간에 대한 문제 제기하는 교직원은 없어서 순조롭게 검사를 시작했다. 메시지 소통의 통로는 확실하다. 행사진행할 때는 속 깊은 사정도 공유해야지 교직원들이 이해를 얻을 수 있다. 어떤 행사든지 잘 끝나기는 한다. 그 중간에 얼마나 사람들의 불평불만이 있었나? 하는 차이만 있을 뿐이다. 이왕이면 만족스러운 행사가 되도록 설명하고 배려를 부탁드리면 같은 동료 직원인지라 서로 힘든 점을 잘 알고 이해한다.

비용에 대한 부분도 메시시 내용에 넣느냐. 설명하시 않으면 사람들은 잘 모른다. 검사가 얼마나 비싼 검사인지, 이것을 학교에서 전액 지원하니, 이번에 꼭 검사를 실시해야 한다. 다음에는 어떤 변수가 생겨서 지원을 못 받을 수도 있다, 라는 암묵적인 의미를 전달할 수 있도록 한다. 똑같은 행사 진행이라도 메시지의 미세한 행간 의미를 어떻게 보내느냐에 따라서 참여율이 달라진다. 비용은 넣어서 그런 효과를 낼 수 있다. 고가일수록 지원의 폭이 크다는 것을 알려 전원 적극적으로 참석할 수 있도록 하면 된다. 시간대별로 부서를 나누어 둔 것은 기다리는 시간을 줄이기 위해서이다. 줄 서서 기다리지 않는다면 학교에서 다른 일을 할수 있다. 그래서 검사 시간을 달리해서 메시지를 보냈는데, 너무 이른 시간부터 검사가 진행되니 오는 순서대로 검사를 하게 되었다. 그래서 몰리는 시간이 아니라면 빨리 출근한 사람은 빨리 검사를 할 수 있게 되었다. 이른 시간의 검사일 경우에는 부서별 시간을 정하는 것은 의미가 없으니 하지 않아도 될 것 같다.

잠복결핵 검사는 결핵예방법이 바뀌면서 학교 내 새롭게 검사를 실시해야 했다. 법이 바뀌면 학교의 업무도 따라서 추가된다. 보건교사는 이런 경우를 여러 번 경험하면서 바뀐 법에 맞추어 교직원이나 학교가 불이익을 당하지 않도록 주의한다. 공문이 주기적으로 내려오니, 중요한 공문을 잘 챙기면 된다. 잠복결핵 검사도 여러 번 공문으로 내려왔고, 보건교사 단톡방에서도 설왕설래하는 주제인 만큼, 학교마다 시행 방법에는 조금씩 차이가 있지만, 어떤 방식으로든 검사를 잘 진행하면 되는 것이다. 새로운 의무 검사인 만큼, 교직원들도 궁금한 것이 많다. 이것저것 질문하는 것에 대해서 최대한 설명을 하고 검사가 잘 진행되도록 협조 요청을 한다. 이때도 역시 교내 메시지가 아주 유용하다. 검사에 대한 상세한 설명과 함께 검사 진행방식에 대해서 안내하면 대부분 교직원은 적극적으로 협조를 한다. 큰일은 또 역시, 함께 해야 무난히 일을 마무리할 수 있다고 생각한다. 학교 일이 다 그렇다. 혼자서는 그 무엇도 이룰 수 없다. 함께 고민하고 함께 이루어나가는 것이 학교 일이다. 그때, 소통의 수단인 메시지는 상호 이해력과 일의 완성도를 높이는 데 큰 역할을 한다.

제4장

메세지 쓰기 역량을 키우는 법

메시지도 글이다
글쓰기에 강해져야 한다

———————————

글은 **자주 써야** 만만해진다. 짧은 글이든 긴 글이든 자주 쓰는 사람은 말과 같이 글도 자유자재로 쓰게 된다. 나는 책을 쓰기 전에는 짧은 글도 쓰기에 부담이 되었다. '왜 그랬을까?' 조금만 생각해보면, 글쓰기가 어색한 게 당연하단 결론에 이른다. 필리핀 세부살이를 할 때는 주변에 모든 사람의 말소리가 영어였다. 비록 동남아이지만 필리핀에서 어느 정도 공교육을 받았다 하는 사람은 대부분 영어를 구사했다. 시장에서 생선 팔고 과일 파는 사람들도 자신의 필리핀어가 있지만 간단하게 영어로 말한다. 마트에서 계산하는 사람, 또한 영어를 사용한다. 매일 듣는 것이 영어다 보니, 영어에 귀가 적응을 했다. 그리고 익숙해졌다. 반드시 익숙하다고 영어를 잘하는 것은 아니지만 그래도 영어에 친해진 느낌이 들게 되었다. 영어에 친숙한 만큼, 영어로 말하기를 시도하게 되고 자주 시도한 것은 반복 효과가 있어 영어를 점점 더 잘하게 된다. 생활하는데 전혀 문제없이 소통하면서 살게 되었다. 일단, 영어가 하나둘 들리기 시작하고, 그다음에 말문이 점점 열린다. 갓난아기가 모국어를 배우듯이, 그 순서 그대로 영어에 익숙해져 갔다. 글쓰기도 마찬가지이다. 부담스럽던 글도 내가 생활에서 자주 하겠다는 각오로 수시로 쓰다 보면 글쓰기가 익숙해진다. 보통, 사람들은 "저는 글 못써요."라고 생각하고 말하는 이유는 글을 자주 안 써봤기 때문이다. 자주 안 한 것들에 대해서 "네, 저는 잘 써요, 잘 쓸 수 있어요."라고 말할 사람은 단 1명도 없다.

직장에서 소통하는 메시지 글도 자꾸 쓰다 보면 익숙해진다. 시간이 필요하겠지만, 결국에는 말처럼 메시지 쓰기도 원활해진다. 문제는 우리가 메시지를 얼마나 자주 쓰느냐가 상황을 결정한다. 메시지 쓰기를 가끔 쓸 때마다 주변으로부터 좋지 않은 반응을 받았다면 메시지 쓰기는 되도록 피하고 싶은 일이 될 것이다. 메시지 쓰기를 원활하게 사용하는 것은 업무의 성과를 높이는데 굉장히 효과적이라고 말하고 싶다. 메시지도 글이니, 일단, 글쓰기에 강해져야겠다는 마음부터 가져보자.

지극히 짧은 메시지를 보냈는데도 말하는 듯한 느낌으로 받아들여지는 메시지가 있다. 나는 생각했다. '평상시 말도 무지 잘하더니, 글도 어쩌면 이렇게 핵심 위주로 명료하게 잘 써나?' 나는 다른 교사의 잘 쓴 메시지를 받았을 때는 그 메시지를 복사해서 따로 저장해둔다. 교사마다 메시지를 보내는 방식이 다르다. 나처럼, "안녕하세요?"로 시작하는 메시지가 있는가 하면, 업무적으로 간단명료한 제목부터 적어서 시작하는 경우도 있다. 메시지를 처음 받았을 때, 이 두 가지 방식이 받는 느낌이 다르다. 처음에 인사부터 시작한 메시지의 경우는 뭔가 여유를 가지고 그 글을 읽게 된다. 존중받은 느낌이랄까? 마음 편히 읽는다. 글을 쓴 사람의 따뜻한 마음도 전달되는 것처럼 느껴진다. 글의 핵심 내용을 제목으로 써서 보낸 메시지의 경우에는 뭔지 사무적이란 느낌이 든다. 둘 다 어떤 것이 더 좋고 나쁘다는 것은 아니다. 그 사람의 성향이 그대로 드러나서 다른 느낌을 준다는 것뿐이다. 하지만, 메시지도 사무적인 글보다는 조금 부드러운 글이 낫다고 나는 생각한다.

교내 메시지는 메시지가 올 때, 누가 보냈는지 교사의 이름까지 함께 표시된다. 메시지 보낸 교사의 이름을 자연스럽게 확인하고 그 교사가 평상시 협조 요청을 많이 하는 경우, 그 메시지를 바로 읽고 싶지 않다. '또 어떤 협조 요청이 있을까? 지금 바쁘니, 좀 있다가 확인하자.'라고 생각을 하게 되어 그 메시지는 확인을 미룬다. 이런 것을 봤을 때, 메시지는 업무용으로만 사용하지 말고, 다른 목적으로도 사용함이 좋겠다는 생각이다. 만약, 어떤 부서에서 학교행사를 진행하고 잘 마무리했다는 메시지를 보냈을 때, 수고했다는 격려의 목적으로 메시지를 사용하는 것이다. 나에게도 이런 답글을 보낸 교사가 있었다. 보건교사는 학교 전체의 행사가 많고 "행사 잘 마무리했습니다."라는 의미의 메시지를 보낼 경우도 많다. 그런 메시지를 보낼 때, 항상 " 고생 많으셨습니다." 라는 답글 메시지를 보내는 교사가 있다. 그런 메시지는 정말 마음이 훈훈해진다. 그리고 감사하다는 생각이 든다. 어떻게 이런 메시지를 다 보낼 생각을 했을까? 자신의 일도 바쁜 와중에 이렇게 따뜻함을 나누어 주기가 싶지 않을텐데 하는 마음과 함께, 그 교사에 대해 호감을 가지게 된다. 그 사람의 따뜻한 성품도 느낄 수가 있었다. 나도 다음에 누군가가 행사 마무리 메시지를 보낼 때, 이런 답글로 호응해주어야겠다고 생각하게 된다.

소소하지만 누군가에게 답글 메시지로 호응하는 것은 넓은 마음을 보여주는 것이다. 관리자는 이런 답글 메시지를 자주 보낸다. 교사들 간에도 이런 따뜻한 관심을 서로 주고 받는다면 학교 분위기가 더욱 좋아지지 않을까 생각해 본다.

학교에서 쓰는 교내 메시지 글은 짧지도 아주 길지도 않은 글이다. 우리가 핸드폰 메시지를 보낼 때, 어떻게 보내야 할지 많이 고민하지 않는다. 왜냐하면 짧은 글이기에 부담을 느끼지 않고 보낸다. 하지만, 업무용 교내 메시지는 그것보다 조금 더 길다고 볼 수 있다. 그리고 나름의 형식을 가지고 써야 글이 깔끔해 보이고 명확하게 그 의도가 전달된다. 그렇기에 보건교사는 교내 메시지 글쓰기에 부담감을 느낀다. 메시지를 일부 교사에게 보낼 때보다 전체 메시지를 보낼 때 더욱 마음이 무겁다. 글을 써놓고 나서 바로 보내지 못하고 확인, 또 확인하게 된다. 어떤 사람은 하룻밤을 지나서 최대한 '이제 되었다' 생각할 때 보내기도 한다. 완벽형의 성향인 보건교사일 경우 수로 그럴 것이다. 그 정도로 메시지는 보건교사에게 부담이라면 부담이 되는 영역이다. 그렇다고 메시지를 안 보내고는 일을 할 수가 없다. 코로나 시국일 때는 대면 만남을 철저히 없앤 시기였기에 모든 소통을 비대면인 글로 해야 했다. 3년의 코로나 시기를 거의 마쳐 가는 이 시점에도 여전히 메시지 글에 대한 부담감에서 완전히 벗어나진 못했다. 메시지도 글이기에 다른 방법이 없다. 그저 자주 쓰는 방법외에 다른 것은 없다. 자주 매일 쓰기 위해서 새로운 전략이 필요하다.

메시지도 글이다. 메시지 글을 편하게 자유자재로 쓰기 위해서는 글을 매일 쓰는 것을 습관화해야겠다. 어떤 글도 상관없다. 사실, 평상시에 핸드폰 메시지 글 외에 글 쓰는 일이 특별히 없다. 하지만, 직장인이라면 글과 가까워져야 하기에 글쓰기는 삶을 추구해야겠다. 학교에서 업무용 메시지만 쓰다 보면 실력이 쉽게 늘지 않는다. 평상시 평범한 글을 써야 하는데, 제 생각을 자꾸 글로 쓰는 연습을 할 때, 직장용 메시지도 내가 쓰고자 하는 내용을 자연스럽게 쓸 수 있게 된다. 자신의 글을 평상시 길게 쓰다 보면, 직장용 메시지 글은 그것보다는 짧은 글이 되기에 훨씬 쉬워진다. 어떤 글도 편하게 쓸 수 있다. 업무가 아닌, 평범한 자신의 글도 처음부터 맘먹은 대로 쓸 수 있는 것은 아니다. 모든 것이 그렇지만 처음에는 모방을 통해서 배우고 익혀야 한다. 글쓰기도 마찬가지이다. 그렇게 되면, 짧은 메시지나 긴 메시지, 크게 문제가 되지 않는다. 글 쓰는 것에 익숙해지기 위해 매일 쓰는 것을 생활로 한다면 직장용 메시지 글쓰기는 부수적으로 자연스럽게 극복한다. 일반적인 글쓰기에 익숙해질수록 직장용 메시지 글은 즐거운 글쓰기가 될 것이며, 나의 메시지 글을 통해서 나의 가치를 간접적으로 어필하게 된다. 메시지 글이 나의 존재감을 높여줄 수 있다라는 점, 꼭 기억하고 글쓰기에 가까이 가는 일상생활을 하면서 메시지 글쓰기에도 강해져야겠다.

글쓰기 특효약은 필사이다

"**필사가 단순한** 베껴쓰기, 의미없는 '모방'에서 끝난다면 당연히 글쓰기에 도움이 안 될 것이다. 하지만 아니다. 기성작가의 글을 모방하고 따라 베껴 쓰면, 글쓰기 성장은 물론이거니와 나의 독창적인 글쓰기를 가능하게 해주는 실마리가 된다."

《하루 20분 필사의 힘》의 천성아 작가는 필사의 가치를 위와 같이 말했다. 천성아 작가는 10년간의 홍보대행사에서 근무하며 글을 써왔다. 하지만, 글쓰기에 대해서 두려운 마음을 가지고 있었다고 한다. 그래도 직업이 글 쓰는 것인데, 이런 두려움을 그 누구에게도 말하지 못하고 혼자만의 고민으로 간직했었다. 그러다가 《하루 20분 필사의 힘》 공저를 쓰면서 필사를 시작했고 1달 이상 하루도 빠지지 않고 꾸준히 필사를 했다고 한다. 매일 필사를 하면서 글쓰기에 익숙해지는 자신을 발견하게 되었고 그 동안의 두려움이란 것이 단지, 자신의 고정관념이었음을 느끼고 조금씩, 그 감정으로부터 벗어났고 글쓰기에 더욱 자신감을 가지게 되었다고 한다.

맞다. 필사는 단순한 베껴 쓰기가 아니다. 공교육에서 글쓰기를 주제로 배우고 익히는 시간이 턱없이 부족한 우리나라의 사람들이 진정, 글쓰기의 어려움을 극복하고 글쓰기를 자신의 새로운 삶의 수단으로 만들어야겠다. 그런 수단으로 필사만 한 것이 없다. 나 또한 필사를 통해서 그동안 글쓰기에 대한 두려움에서 벗어날 수 있었고 책 쓰는 삶을 사는 작가의 인생을 살아가게 되었다. 글쓰기는 새로운 세계이다. 우리가 오감으로 세상과 소통하고 있는데, 자신의 글을 자유롭게 쓰면 오감 플러스 글쓰기의 감각으로 더 깊고 넓게 세상을 볼 수 있다. 당연히, 든든한 무기, 하나를 더 소유한 것과도 같다.

나는 '필사'에 대한 가치를 처음부터 알지를 못했다. 오히려 필사에 대해서 거부반응을 가졌었다. '필사는 베껴 쓰는 것인데, 무슨 도움이 되겠어?', '내가 글은 못 쓰더라도 남의 글을 베껴 쓰고 싶지는 않아.'라는 생각을 했다. 정말 제대로 알지도 못하고 혼자만의 생각이었다. 위대한 창조물은 모방에서부터 시작인데, 그 단순한 진리를 잊고 있었다. 베껴 쓰다 보면 나도 그 사람과 비슷한 결과물을 얻게 된다는 것을 생각하지 못했다. 곰곰이 깊이 생각해 보면, 어떤 기능을 배울 때, 처음에는 따라 하는 것에서부터 시작했다. 내가 수영을 배울 때를 되새겨본다. 처음 수영을 배울 때, 나는 물차기부터 강사님이 가르쳐 주는 대로 그대로 따라 하려고 노력했고, 강사가 시범을 보이면 그것대로 발등을 이용해 물을 차올리려고 했다. 강사가 말로 할 때보다는 직접 몸으로 보여줄 때 그 몸놀림을 그대로 따라 하기 수월했고 더 열심히 노력했었다. 유튜브를 찾아보기도 했다. 수영장 속에서는 다른 잘하는 사람들은 어떻게 발차기를 하고 있는지, 물속에 들어가서 관찰하기도 했다. 그렇게 어느 정도 강사나 잘하는 사람과 똑같이 발차기를 할 수 있을 때, 나는 수영의 실력이 좋아지게 되었다.

글쓰기도 마찬가지이다. 글쓰기도 다른 사람이 쓰는 것을 모방해야 한다. 그대로 따라 쓰다 보면 나만의 글이 나오게 된다. 베껴 쓰는 것을 싫어하는 사람의 특징이 하나 있다. 다른 것을 배울 때는 따라서 그대로 하려고 하지만 글쓰기도 모방해서 연습해야 하는 과정을 똑같이 가져야 한다는 것을 인식하지 못한다. 글쓰기는 배우지 않고, 처음부터 자신의 글을 써야 한다고 생각한다. 타고난 재능이 좋든 나쁘든 이미 가지고 있는 그것대로 써야 한다고 여긴다. 글쓰기에 대한 고정관념 때문에 글 쓰기를 배우고 익히지 못하고 글쓰기는 두려운 것, 나는 글 쓰는 재주가 없다고 생각하며 평생을 살아가는 것이다. 하지만 아니다. 글쓰기도 수영을 배우듯이, 자전거를 배우듯이 그렇게 주변의 도움으로 주변 작가와 글 잘 쓰는 사람의 도움을 받아서 필사부터 시작하면 되는 것이다. 우리가 알게 모르게 가지고 사는 고정관념들이 있다. 누군가 직접적으로 가르쳐 주지 않아도 대략 사회의 분위기, 가정 분위기로 파악하는 감이 있는데, 그 감을 너무 믿어버리면 고정관념인지도 모르고 그 세계에 갇혀서 성장을 멈추게 된다. 대표적인 것이 글쓰기가 아닌가 생각한다. 글쓰기도 충분히 잘할 수 있다. 험난한 세상, 나의 든든한 삶의 무기가 된다. 필사부터 한다면 남의 글을 모방하고 그것을 내 것으로 가져온다면 놀라운 글쓰기 발전이 있을 거라고 확신한다.

보건교사 중에 글쓰기에 대한 울렁증을 가진 사람이 많다. 학교 안에서 소통하기 위해 작성한 메시지를 바로 보내지 못하고 여러 번 확인 또 확인한다. 그것은 바로 글에 대한 자신감이 부족하기 때문이다. 아니면 잘 써야 한다는 강박관념 때문일 것이다. 보건교사로서 내가 느끼는 바도 그렇게 메시지 하나를 가지고 여러 번 생각, 또 생각하는 경우에는 잘 써야 한다는 강박관념과 또 이 글 하나로 자신의 다른 부분까지 부정적으로 평가받게 될까 염려하는 마음 때문이다. 사실 두 가지 다 내려놓아도 된다. 소통을 위한 메시지가 좀 부족할 수도 있다. 핵심 내용만 전달되면 된다. 그리고 글을 못 쓴다고 그 사람의 다른 면까지 비판하진 않는다. 그렇게까지 사람은 다른 사람에게 관심이 없다. 잘 쓰고 못쓰든 필요하다면 메시지를 써서 소통해야 한다. 길게 쓰기보다는 짧게 여러 문장으로 써서 보내면 실수를 할 것도 줄어든다. 보통 글쓰기에 자신이 없다고 하는 사람은 문장을 길게 쓰는 경향이 있다. 길게 쓰면 쓰는 본인도 헷갈리고 그 글을 읽는 사람은 더 헷살릴 수 있다. 짧은 문장으로 길게 쓰면 누구나 쉽게 다 이해하게 되니, 자신감을 가지고 메시지를 보내면 되겠다. 단, 평상시에 필사라는 것으로 자신이 글쓰기에 익숙해지도록 함을 추천한다. 점점, 메시지는 단순한 글쓰기에 해당한다는 느낌을 가지게 될 것이다.

필사를 통해서 글쓰기에 대한 불편감을 어느 정도 해소할 수 있다. 나는 필사에 대한 선입견을 걷고 주변에서 필사가 정말 좋다는 평을 그대로 받아들여 필사를 시작했었다. 사실, 나의 인생 첫 책 《하루 한권 독서법》의 원고를 쓸 때, A4 2장의 긴 글을 쓸 자신이 없고 2장을 채우는 것이 너무 어려워 다른 사람들의 책을 베껴 쓰기 시작했다. 필사의 효과는 상상한 것보다 더 컸다. 1달, 2달 필사를 하면서 어느 순간, A4 2장의 긴 글을 채울 수 있었고, 마음의 날개를 단 듯, 내가 하고 싶은 말을 자유롭게 글로 표현해 내기 시작했다. 신기한 경험이었다. 말처럼 글쓰기도 매일 하면, 단시간에 변화가 일어난다는 사실을 알게 된 후 머리를 한 대 맞은 듯한 충격이 있었다. 왜 그동안, '나는 글쓰기에는 젬병이야.' 라고 한계를 긋고 살았을까? 다른 기능을 익히듯이 글쓰기도 배우고 익히면 되는데 말이다. 글쓰기도 무작정 매일 하면 못할 것이 없다는 것을 깊이 깨닫게 되었다. 필사의 힘으로 나는 첫 원고를 무사히 완성했고 결국, 나의 삶, 나의 생각, 나의 메시지를 1권의 책으로 써냈다.

보건교사에게 강조한다. 쉬운 책하나 정해서 필사를 시작하자고. 보건교사는 필사를 통해서 교내에 보내는 메시지 작성의 스트레스로부터 벗어날 수 있다. 필사가 글쓰기의 울렁증을 확실히 해소해 준다. 최소 1달 만이라도 해보자. 필사에 대한 의심은 접고 그저, 처음에는 아무 생각없이 손가락으로 자판만 치면 된다. 그저, 시간 떼우기식, 가볍게 필사하면 된다. 가볍게 시작했더라도 그 효과는 상상 이상으로 크다. 과거에는 남 앞에 서서 발표하고 안내하는 것이 힘들고, 극복해야 할 보건교사들의 과업이었다면, 이제는 글이다. 글쓰기가 업무에 있어서 필수가 되었다. 보건 교사에게 예방 교육이나 각종 교내 행사의 소통 수단으로 메시지 글쓰기가 가장 기본이 되는 것이다. 지금부터 글쓰기에 가장 특효약인 필사부터 시작해 보시길 권한다.

필사는 자판으로 친다

────────────

<책성원>에서는 글쓰기를 몸에 익히기 위해 필사부터 권한다. 나의 인생 첫 책인 《하루 한 권 독서법》의 원고를 쓸 때, 나는 필사부터 했었다. 글쓰기와는 담을 쌓고 한 편생 살았기에 한글파일로 A4 2장 쓰기가 쉽지 않았다. 간단히 핸드폰 메시지를 주고받는 것은 누구나 하며 산다. 어쩌면 그것도 여러 번 확인하고 보내긴 했겠지만, 그래도 메시지는 주고 받으며 크게 무리없이 살았다. 하지만, A4 2장의 긴 글은 내가 쓸 수 있는 분량이 아니었다. 그래서 출간한 책을 그대로 베껴쓰기 시작했다. 필사라면 '손 필사'를 자동으로 연상하여 당연히 손 필사를 해야 한다

고 생각했지만, 손 필사는 도저히 할 수가 없었다. 그래서 자판으로 쳤다. 자판필사의 이유는 단순했다. 손필사는 손이 아프기 때문에 할수 없어서 다른 방법이 없으니 자판필사를 한 것이다. 한 달, 두 달을 자판으로 필사하면서 확실히 변화를 느꼈다. 글쓰기에 대한 변화였다. 긴 글쓰기에 대한 혁신이 나에게 일어났다. 내가 원하는 것이 긴 글쓰기였는데, 비록 내 글은 아니지만 긴 글을 써 보니, 그것이 가능해진 느낌이었다. 내가 연습한 대로 결과물이 나왔다는 사실이다. 연습을 실전처럼 하라고 하는데, 그것이 맞아떨어졌다. 자판 필사를 처음에 권하면 사람들은 의아해한다. 필사라면 누구나 '손 필사'를 고정관념으로 가지고 있었기 때문에 자판 필사라고 하면 이것이 의미가 있을까? 의심한다. 하지만, 단, 1주일만 해도 알게 될 것이다. 3일 만에 그 가치를 알아차리는 사람도 있고 단 하루 만에 긴 글쓰기의 답이 자판 필사란 것을 알고 기뻐하는 사람도 있었다.

"질보다는 양이다."

어떤 새로운 기능을 익힐 때는 연습 양을 채워야 한다. "무엇이든지 잘하고 싶으면 매일, 많이 해야, 잘하게 된다."라고 나는 수도 없이 강조한다. 상대의 구분이 없다. 내 소중한 아이들에게도 귀에 딱지가 앉도록 이 말을 한다. 너가 공부를 잘하고 싶으면 매일 책을 들여다 봐야 하고, 축구를 잘하고 싶으면 매일 공을 차거나 만져보아야 한다. 작은딸에게는 "너가 메이크업 학원을 다니고 있지만, 필기시험을 합격하려면 매일 메이크업 책을 펴서 한 글자라도 더 봐야 한다." 작은딸은 메이크업 학원을 다니고 싶다고 해서 허락해주었는데, 필기시험을 매번 떨어지고 있다. 아마도 10번 이상은 떨어진 듯 하다. 좌절감을 느끼고 있는 아이에게도 나는 매일 메이크업 책을 보고 머리에서 메이크업을 항상 생각하라고 이야기한다. 글쓰기도 마찬가지이다. 글쓰기도 내 글이든 남의 글이든 매일 써야 하고 생각해야 한다. 많이 쓰고 많이 생각할수록 점점 만족스러운 글을 쓰는 날이 빨리 다가온다.

글쓰기도 연습이 필요하다는 사실을 모르는 사람이 많다. 글쓰기는 타고나는 것이란 것이다. 아니다. 연습을 해서 어느 정도는 극복이 된다. 모든 것들이 그렇다고 본다. 내가 가장 큰 고정관념은 '노래 부르는 것'에 대한 것이었다. 노래는 정말 타고나야 잘 부를 수 있다고 생각했다. 하지만, 노래 강사의 코칭을 받고 일취월장으로 좋아진 노래 실력을 가지게 된 지인을 보고, "야, 노래도 연습으로 극복이 되는구나"라며 놀랐다. 인간의 잠재능력은 끝이 없다. 연습, 또 연습하면 보통 수준 이상은 해낼 수 있는 것이다. 그리고, 나도 나 자신을 자세히 잘 모른다. 내가 어떤 능력을 가지고 있는지, 나이가 50살이 넘어도 잘 모를 경우가 많다. 내가 가진 능력 중에서 내가 잘한다고 스스로 느끼는 능력만을 사용하고 살게 된다. 한 번도 발견되지 않고 사용하지 않은 나의 수많은 능력들이 내 안에서 잠자고 있을 수 있다. 이것은 연습을 해봐야 안다. 글쓰기도 잠자고 있는 나의 능력 중의 하나일 수 있다. 글쓰기를 그동안 해볼 기회가 많지 않았기에 잠재능력으로만 평생 가지고 있을 수 있는 것이다. 미리 "나는 글 같은 것은 못 써, 이때까지 써 보지도 않았기 때문에 앞으로도 못할 거야."이렇게 속단하면 안 되겠다. 말하듯이, 글도 누구나 쓸 수 있을 것이라 판단한다. 업무에 있어서 말만 하는 시대가 지나갔다. 가장 예의 바르고 품위 있는 업무 방식은 바로 글과 말을 동시에 사용하는 방식이라고 본다.

필사를 손으로 하지 않고 자판으로 하는 이유가 있다. 만약, 귀한 글귀로 나 자신과 내 삶에 긍정적인 영향을 주고 싶은 목적이라면 손 필사로 꾹꾹 마음에 다지듯이 써나가면 도움이 된다. 하지만, 글을 잘 쓰기 위한 목적이라면 손 필사는 다소 한계가 있다. 글쓰기는 일단, 쓰는 양이 어느 정도 차야 가능하기 때문이다. 그래서 생각한 것이 자판 필사이다. "자판 필사"란 용어도 내가 부르기 쉽게 붙였다. "손"대신 "자판"이란 의미이다. 손 필사가 아닌 자판 필사로 하는 이유는 다음과 같다.

　첫째, 자판 필사는 손과 팔이 아프지 않다.

　우선, 자판 필사는 아프지 않다. 과거 손 필사를 한 기억이 있다. 요즘은 손으로 글씨 쓰는 것이 많지 않아, 손 필사가 그리 쉬운 일이 아니다. 익숙하지도 않고 또 일단 손이 아팠다. 며칠 하다가 그만두었다. 손 필사를 하느니, 그냥 눈으로 읽겠다는 마음으로 돌아서 버렸다. 그런 기억이 있은 후에 필사에 대해서 아예 생각을 접었다. 하지만, 시중에서는 필사의 가치를, 그 효과를 많이 이야기해서, 초고를 쓸 때, 지푸라기라도 잡는 기분으로 필사를 손이 아닌 자판으로 시작했다. 자판도 손 필사처럼 효과가 있었다. 그 이후, 나는 초고를 완성할 때까지 자판 필사를 했다. 지금도 필사에 대한 효과를 사람들에게 강조하고 있으며 특히, 필사는 자판으로 할 것을 권한다.

　둘째, 부담없이 필사를 시작할 수 있다.

　시작이 어렵다. 아무리 쉬운 일도 시작하려면 마음에 여러 번 생각한다. 좋은 일도 마음의 적응이 필요한 후 행동으로 옮기게 된다. 어쩌면 하기 싫은 필사이니 더욱 마음의 준비가 필요하다. 자판 필사는 평상시 우리가 자판으로 타자를 많이 치고 있기에 그리 부담스럽지 않다. 남의 글을 자판으로 베껴 치기만 하기에 시작이 당연히 쉬울 수밖에 없다. 부담 없이 시작하고 생각 외의 효과에 감탄하게 될 것이다.

셋째, 부담이 없고 쉬우니, 오랫동안 한다.

부담이 없고 쉬운 일은 오랫동안 할 수 있다. 어려운 일들은 중간에 고비들이 많다. 이래서 못하고 저래서 못하고 사연도 구구절절 많다. 하지만, 쉬운 일은 언제든 시간을 내서 할수 있다. 단 10분이라도 필사를 할 수 있다. 방법도 자판 치기이니, 그리 어렵지 않아 오랫 동안 할 수 있어 습관 형성이 잘된다. 습관만 되면 글은 더 많이 쓰고 글쓰기가 일상이 되는 것이다. 업무 중 하게 되는 메시지 쓰기는 덩달아 쉬운 일 중의 하나가 된다.

넷째, 오래 하니, 필사의 가치를 깨닫는다.

오래 하는 것은 새로운 면을 발견할 확률이 높아진다. 필사를 예로 들어도 시작하는 날, 15일 뒤, 한 달 뒤, 두 달 뒤, 필사에 대한 느낌이 다르다. 첫날은 그저, 주변에서 필사가 좋다고 하니, 그냥 해보자는 마음으로 시작했다면 15일 뒤에는 필사가 은근히 마음을 편하게 하고 글쓰기에 조금씩 익숙해지는 자신을 만들어 준다는 것을 깨닫는다. 한 달 뒤쯤에는 필사를 안 하면 뭔가 중요한 것을 잃어버린 느낌이 들고 필사할 시간과 장소를 만들어서 필사하는 자신을 발견한다. 필사 두 달이 되면, 필사하면서 나만의 시간과 사색을 가질 수 있다는 사실을 발견하게 된다. 필사를 1년 이상, 2년 이상 한 사람일수록 필사를 하루의 중요한 일로 잡아서 꾸준히 하는 경우를 많이 보게 된다. 그만큼 필사는 글쓰기의 실력을 향상시킬 뿐아니라 자신에게 가장 필요한 부분을 채워 주는 하나의 멋진 수단이 됨을 알게 되는 것이다.

다섯째, 긴 글의 전체적인 맥락을 알 수 있고 감을 잡는다.

자판 필사의 가장 큰 목적은 긴 글을 필사하기에 가장 적합하다는 것이다. 긴 글을 써봐야 짧은 글도 쉽게 쓴다. 긴 글을 써 본 사람은 글의 맥락에 맞게 적절하게 쓰는 감이 생긴다. 무작정 A4 2장을 쓸 수는 없고, 서론, 본론, 결론에 맞추어서 글을 쓸 수 있는 능력을 가지게 된다. 짧은 글도 그렇게 쓰게 된다. 3문장을 써도 첫 문장은 서론이고 2번째 문장은 본론이고 마지막 문장은 결론으로 흐름에 맞추어 쓰는 습관이 생긴다. 이것이 얼마나 놀라운 발전인지 모른다. 단지, 필사만 했을 뿐인데 이런 흐름을 몸에 익혀, 업무 중 메시지에도 자연스럽게 이 흐름이 녹아, 핵심 있고 원망한 소통이 가능한 메시지를 작성할 수 있게 된다.

필사는 자판으로 해야 한다. 오랫동안 하는 것이 지금 당장, 잘 하는 것보다 더 중요하다. 어떤 기능을 익힐 때는 매일, 오랫동안 할 수 있으면 자연스럽게 그 기능은 내것이 된다. 글쓰기가 부족하다면 글쓰기를 매일, 오랫동안 하면 글쓰기는 나의 주특기가 될 수준으로 성장하게 될 것이다. 그 방법이 바로 자판 필사이다. 남이 쓴 글을 눈으로 보고 손으로 쓰면서 내 몸에 익혀야 하는데, 어려운 방법으로는 하루, 이틀 하다가 그만두게 된다. 가장 쉬운 방법으로 해야 한다. 자판 필사는 쉽다. 자판으로 두드리는 일이 요즘의 일상이 되었다고 해도 과언이 아니기 때문에 필사도 자판으로 한다. 남의 글을 쉽게 자판을 두드리면서 한다면 어렵게만 느껴지던 글쓰기는 내 삶으로 조금씩 녹아서 들어간다. 매일 하기만 하면 된다. 너무 쉬워서 가치 없다고 속단하지 말기를 주의하면서 자판 필사로 글쓰기 실력을 쌓아보시길 권한다. 직장에서 자주 소통하는 방법인 메시지는 그다음부터는 수시로 하고 싶고 나누고 싶은 쉬운 방법 중의 하나가 될 것이다.

점심시간 20분, 필사해라

―――――――

"법과 제도로 인도하고 형벌로 다스리면 백성들은 형벌을 면하기에만 급급할 뿐 부끄러워할 줄 모른다. 그러나 덕으로 인도하고 예로 다스리면 부끄러움도 알고 잘못도 바로잡게 된다."

논어에 나오는 구절이다. 나는 점심마다 논어 필사를 하고 있다. 구구절절 좋은 문구이다. 삶에 유용한 문장들이 풍성하다. 논어, 어렵게만 느꼈는데 지금은 점심시간을 이용해서 잠깐이라도 필사로 읽고 있다. 필사하면서 마음에 깊이 박히는 문구들이 많다. 위의 문구는 학폭대책위원회를 마친 다음날 다시 읽으니, 마음에 더욱 와닿는다. 어제 학교 일정이 끝난 5시부터 학폭위원회가 열렸었다. 남학생이 여학생에게 성적인 발언을 해서 여학생이 사과를 요구했지만, 남학생은 사태의 심각성을 인지하지 못하고 사과를 거부했다. 마음의 상처를 더 깊이 받은 여학생은 생활인권부를 찾아가 학폭으로 그 남학생을 신고했다. 학폭위원회 당일인 어제, 그 여학생은 참석하지 않았고 남학생과 남학생 아버님이 참석했다. 위원들은 교감 선생님이 위원장이 되고 나머지는 상담교사, 교무부장, 생활인권부장, 생활인권학폭 담당교사, 보건교사, 이렇게 구성이 되어 있다. 이미 여학생과 여학생 부모는 남학생의 사과를 받았고 교육청까지 올라가지 않고 '학교장 종결'을 원하고 있었다. 그럼에도 학폭위원회가 개최된 것은 교육적인 이유에서였다. 남학생이 자신의 잘못을 진심으로 뉘우치고 앞으로 이런 일이 정말 일어나지 않도록 깊이 뉘우칠 기회를 만들고자 한 것이다. 그래서 남학생의 부모도 함께 참석하도록 요청했다. 나는 학생에게 말했다. "앞으로 성적인 발언으로 타인에게 상처를 주는 일은 절대 하지 말아야 한다. 여학생뿐만 아니라 다른 남학생에게도 하지 말기를 바란다. 나이가 더 들어서 이런 발언실수를 했다면 성희롱으로 범법자가 될 수도 있다." 하지만, 위의 논어 구절로 적용해서 봤을 때, 징계의 개념을 강조했다는 생각이 들었다. 그 여학생의 상심과 상처를 생각하면서 가해학생이 자신의 행동을 진심으로 반성할 수 있도록 했어야 했다는 아쉬움을 스스로 가지게 되었다. 나의 이익을 위해 성희롱적 발언을 하지 말아야 한다는 것이 아니라 성희롱의 발언으로 상대방에게 상처를 주는 것은 도리에 어긋나는 행동이라는 것을 강조했어야 했다. 상대방 입장에서 나의 잘못을 뉘우치는 것이 더 근본적인 차원의 해결점이기 때문이다. 필사하지 않았다면 이런 생각을 나는 하지 못했을 것이다. 점심시간 20분, 잠깐의 필사로 사고가 변했고 행동이 변화의 계기를 갖게 되었다.

하루 20분, 잠깐의 시간이라도 모이면 엄청난 시간이 된다. 매일이라는 강한 힘에 의해서 그것은 나의 모든 것들을 변화시킬 수 있다. 매일 필사를 할 수 있다면 나는 글쓰기에 대한 거부감을 줄이고 새롭게 글 쓰는 일상을 만들 수도 있다. 보건교사에게 점심시간은 가장 바쁜 시간이다. 수업 중에도 아이들은 보건실을 찾지만 아이들 입장에서 보면 점심시간이 가장 편안하게 보건실을 이용할 수 있다. 어떤 남학생은 식사 후 농구를 해야 하기 때문에 5교시 수업 종이 치면 헐레벌떡 뛰어와서 "선생님, 감기예요. 감기약 좀 주세요."라고 이야기하기도 한다. 그러면 한마디하고 나는 감기약을 챙겨준다. "건강이 최고야, 감기인데, 감기약부터 먹고 운동을 해야지. 감기는 혼자만의 병으로 그치지 않는다. 주변 친구들에게도 전염을 시키니 특별히 잘 챙겨 먹어야 한다." 아이는 잘 수용한다. 점심시간의 보건실은 북쩍거리는 재래시장같다. 보건교사는 점심을 빨리 먹는다. 빨리 먹고 아이들 맞을 준비를 한다고 할까? 일반교사는 점심시간이 오로지 자신이 쉴 수 있는 휴식 시간이지만, 보건교사는 수업 중에는 대기상태이고 점심시간에는 본격적으로 아이들 아픈 곳을 처치하는 시간이라고 생각하면 맞다. 그래서 하루 8시간 내내 마음 상태는 긴장 상태라고 할 수 있다. 이것을 잘 아는 교사들은 많지 않다. 그저, 편안하게 보인다고 부러운 마음을 내비치기도 한다. 하지만 이런 바쁜 상황에서도 마음만 먹는다년 필사를 할 수 있다.

필사의 목적을 명확히 해야 한다. 필사하는 이유는 글쓰기를 일상으로 만들고 글쓰기 능력을 높여 보건 업무에 도움이 되게 하기 위함이다. 어쩌면 보건 업무을 위한 것이니 업무의 한 부분이라고 생각한다면 마음가짐이 달라질 것이다. 아이들이 중간중간에 보건실을 찾기 때문에 꾸준히 한 가지 일만을 할 수가 없다는 것이 아쉽지만, 이제는 어느 정도 적응을 한 상태이다. 아이들 처치를 해주고 다시 하던 일로 돌아가느냐 못 가느냐에 따라 하루 업무 성과가 결정된다. 아이를 위해 보건교사가 있지만, 아이들이 때론 일하는데 방해 요소가 되지만, 그것은 어쩔 수 없는 상황이다. 필사할 때도 점심시간 만큼은 필사를 하겠다고 마음먹고 처치 후에도 다시 필사로 돌아와야 한다. 요즘 우리가 글은 손으로 쓰는 것이 아니라 컴퓨터 자판으로 치기 때문에 필사도 자판 필사이다. 그렇게 책을 정해서 필사를 한다면 생각 외로 글쓰기의 효과가 크다는 것을 발견하게 될 것이다.

보건실에서 점심시간 필사를 할 때, 책은 될수 있으면 쉬운 책으로 하기를 권한다. 필사의 목적이 문구를 내 마음에 새기고 삶을 변화시키기 위한 것이 아니다. 한가지 목적, 즉, 글쓰기를 좀 더 편안하게 느낄 수 있게 하기 위함이며 쓰는 능력을 높이기 위한 목적으로 필사를 하는 것이다. 그런데, 베셀 작가의 책으로 한다면, 그 목적달성이 어려워진다. 자전거를 배울 때, 하이킹 자전거가 필요 없다. 중고 자전거라도 다만 집 앞 공원에서 매일 페달에 발을 얹어 잠시 시도하는 것만으로도 조금의 진전은 있기 마련이다. 처음부터 거한 도구로 시작한다면 더 부담감만 쌓이게 될지 모른다. 내가 조금은 만만하게 느낄 수 있는 그래서 자판 필사를 하면서도 점점 자신감을 가질 수 있게 하는 책으로 필사를 해야 한다. 글쓰기가 잘 안되는 이유 중의 하나가 바로 자신감일 수 있다. 과거 글 쓴 경험이 많지 않고 지금도 가급적 글 쓰는 상황을 피하여 글 쓰는 상황이 역시 적은 삶인데, 어떻게 자신감을 가질 수 있겠는가? 이제는 아니다. 필사를 통해서 글 쓰는 상황을 매일 가질 수 있다. 점심시간, 비록 아이들이 북적거리는 상황이지만 그래도 나는 다른 일을 하지 않고 글을 쓴다. 남의 글이든 내 글이든 상관이 없다. 어찌하였든 글이라는 것을 쓰기 때문에 점점 내 글쓰기에 대한 부담감이 줄고 자신감이 생긴다. 더군다나 쉬운 책으로 필사하기 때문에 더욱 글쓰기가 나도 할 수 있다는 생각으로 돌아선다.

어떤 어려운 상황이라도 자신의 마음과 다짐이 중요하다. 직장 맘이면서 책까지 쓰는 나에게 사람들은 말한다. "어떻게 그 많은 일들을 해내나요? 신기하고도 대단합니다." 나는 1년에 3권 이상의 책을 써낸다. 그것도 중학생 아이 둘을 키우며 직장을 다니면서 하고 있다. 아마도 이렇게 직장 맘이면서 책을 쓸 수 있는 것은 자신감이지 않을까 생각한다. 그동안도 해왔는데, 지금은 더 잘할 수 있다는 자신감. 상황이 중요하지 않다고 말하고 싶다. 어려운 상황일지라도 글쓰기의 가치를 알고 그 가치를 내 것으로 꾸준히 만들겠다고 생각한다면 누구나 할 수 있다. 북적대는 점심시간의 20분도 충분히 필사를 해내지 않을까 생각해 본다. 시작해서 어느 정도 몸에 익을 때까지만 신경 쓰면 그 이후에는 더 쉬워진다. 그렇게 글 쓰는 능력은 나의 것이 된다.

보건교사라면 글쓰기 능력을 성장시키는 방법으로 점심시간 20분이라도 필사를 하길 권하고 싶다. 아이들이 점심시간을 많이 이용하지만 충분히 마음먹으면 할 수가 있다. 수업 중이 조금 더 여유로울 수 있겠지만, 그 시간에는 할 일이 또 있다. 점심시간에 오는 아이들은 쉬는 시간을 포기하고 오기 때문에 정말 꼭 필요한 아이들이 오게 된다. 그 아이들이 올 때는 처치하고 다시 필사하기로 돌아오면 된다. 보건교사도 휴식 시간이 필요하다. 점심시간 필사로 자신의 마음을 다스릴 수도 있고 글쓰기 능력도 키울 수가 있다. 손 필사가 아니라 자판으로 두드리는 것이라 부담도 없다. 그저, 자판으로 내가 쓰는 것처럼 그대로 책의 내용을 따라 쓰면 된다. 의외로 필사로 인한 행복감도 느낄 수 있다. 한 번도 해 보지 않았다면 글쓰기 능력 업, 새로운 문구로 삶을 바꾸는 기회가 될 수 있는 점심시간 20분, 필사에 도전해 보시길 바란다.

오후 시간, 잠깐 독서로 머리를 식혀라

주말 아침이다. 주말 아침에는 평일보다 매우 여유롭다. 여유로운 나만의 시간, 아이들은 아직 기상 전이고 남편은 성당에 갔다. 남편의 주말 종교활동은 굉장히 규칙적이다. 하나를 시작하면 꾸준히 밀고 나가는 습성은 굉장히 보기에 좋다. 남편 본인에게나 보는 사람들에게 안정감을 준다. 귀한 아침 시간에 책 1권이 눈에 들어왔다. 친구가 읽어보고 좋다면서 보내준 책. 목차와 앞부분을 조금 읽었지만 계속 읽지 못하고 책꽂이에만 꽂아두었던 책이었다. 오늘 아침에는 이 책이 내 눈에 보여 읽게 되었다. 이 책에선 한 가지에 몰입하지 못하고 여기저기를 수없이 탐색하는 현대의 문화가 큰 문제를 일으킬 수 있다고 지적한다. 긍정적인 변화일 경우 반드시 꾸준함이 필요하다. 꾸준함이 반드시 있어야 하는 이유는 진정한 긍정적 변화는 기계적으로 이루어지는 것이 아니라 관계를 형성하면서 서서히 이루어지는 과정을 요구하기 때문이다. 결국, 지속하는 시간이 필요하다는 것이다. 이런 시간이 없다면 변화는 이루어지지 않고 발전도 어렵다는 것이다.

우리는 우리가 원하는 삶을 이루어가야 한다. 그래야 행복에 더 가까워진다. 직장을 다니고 있지만, 그 직장이 우리의 인생이 될 수는 없다. 평생 살 것 같은 직장도 언젠가는 퇴직하고 나만의 삶을 이어가야 한다. 가장 나답게 살기 위해서는 직장을 다니면서도 내가 꾸준하고, 일관되게 할 수 있는 일이 있어야 한다. 전념의 삶에 가장 기본이 되는 것은 다름 아닌 독서가 되지 않을까 생각해본다. 만약, 글을 쓰는 삶을 원하는 사람이라면 책을 읽는 것은 꾸준히 해야 할 일이다. 책은 내가 원하는 것을 이루게 하는 디딤돌이다.

아이가 어릴 때, 나는 책을 읽기 시작했다. 늦은 결혼으로 주로 육아에 대한 정보를 얻기 위해 읽었는데, 육아법을 알기에 책만한 것이 없었다. 책은 내 시간에 맞추어 나에게 많은 정보를 줬다. 아이가 어려서 아이를 돌보아야 할 시간이 대부분인 그 시기에 잠깐씩 여유시간을 가질 때, 책을 읽었다. 육아서를 읽으면서 먼저 아이를 키운 엄마들의 깨알과 같은 팁들을 접하고는 정말 대단하다는 생각뿐이었다. 감탄사가 절로 나왔다. 궁금한 모든 것들이 책에 있었다. 그렇게 육아서 읽는 재미에 빠졌다. 아이가 조금씩 커가며 여유시간이 길어지면서 그 시간을 책 읽는 시간으로 활용했다. 읽고 또 읽고, 읽은 것을 아이에게 적용하고, 더 잘 키우기 위해서 더 많은 책을 참고했다. 육아서와 함께 아이를 키우니, 든든한 친정어머니를 가까이 모시고 있는 느낌이었다. 아이를 키우는 데 부담을 줄일 수 있었다. 육아서를 통해 아이를 키우는 동안 아이는 문제없이 잘 자라갔다.

만약, 내가 힘든 육아기간 동안 독서를 하지 못했다면 어땠을까? 가끔 생각한다. 아마도 아주 힘들었을 것이다. 그리고 고생한 보람도 적었을 것으로 생각해본다. 지금 나도 책을 쓰고 있지만, 책 속에 많은 실제 경험을 사례로 쓰게 된다. 육아서의 사례는 작가가 아이를 키운 경험과 자신만의 처방 즉, 노하우이다. 이웃집 엄마들과 서로 친하게 지내는 이유 중 하나가 공통관심인 육아에 관해 서로 정보를 얻고 나누는 이유가 클 것이다. 그렇게라도 서로 문제를 해결하게 된다. 하지만 육아서 독서는 이웃집 엄마들과 어려운 만남이 없더라도 얼마든지 고급 육아 팁을 얻을 수 있다. 나는 책을 통해서 내가 원하는 목적을 여유롭고 쉽게 얻을 수 있었다. 책은 그런 존재이다. 책은 읽는 사람의 각자 목적에 맞게 충실히 그 목적을 달성하도록 도와주는 강력한 수단이 된다.

나는 점심시간에 필사 독서를 시작했다. 필사 독서를 하면 눈으로 보는 것보다는 집중이 잘된다. 시각만을 이용하기보다 손가락을 통해 촉각이란 감각을 추가해서 읽는다. 다른 일반교사보다 이른 점심을 먹고 수다를 떨기보다는 조용히 보건실로 돌아와 필사 파일을 연다. 사실, 필사 독서를 시작한 계기는 〈전학공〉을 통해서이다. 〈전학공〉은 '전문체 학습공동체'를 줄인 말이다. 교사들의 자기계발 동아리와 비슷한 모임이다. 3명 이상이 모여야 전학공 모임이 성사된다고 하여 비교과 선생님들과 모였다. 〈전학공〉 주제를 무엇으로 할까? 고민하다가 나에게 가장 만만한 필사를 생각하게 되었다. 그렇다면 어떤 책을 필사할까? 잠시 생각하다가 더 생각할 것도 없이 평상시 혼자서는 읽기 어려운 〈논어〉 책을 선택했다. 누구나 반드시 읽어봐야 할 고전, 하지만 누구도 읽기 쉽지 않고 읽는 사람도 많지 않은 그 책, 〈논어〉를 정하고 그래 어디 한번 시작해 보자. 다른 비교과 교사들과 이야기를 했다. 다른 선생님들은 크게 개의치 않고 함께 해 보자고 동의했다. 그렇게 자판으로 치는 논어 필사를 시작하게 되었다.

〈논어〉 필사를 하면 논어를 읽으면서도 글 쓰는 연습도 되었다. 읽기 힘든 고전을 읽는 방법으로 필사를 한 것이 결국 글쓰기에도 도움이 된다. 자판으로 필사하니, 자판 속도도 빨라졌다. 이런 경우를 일거양득이라고 한다. 아니, 독서, 글쓰기, 자판 능력, 이 3가지를 얻었으니, 일거삼득이라고 해야겠다. 〈논어〉의 가치를 새삼 인지하는 기회도 되었다. 사람들이 논어, 논어 이구동성 말하는 이유를 이제야 온몸으로 느끼게 되었다. 글쓰기를 인위적으로 할 수는 없다. 글쓰기 실력향상을 더 생각한다면 논어보다는 조금 쉬운 책으로 해도 좋을 것이다. 사실, 온라인 커뮤니티 〈책성원〉에서는 글 쓰는 연습을 위해 필사를 하고 있다. 필사를 통해서 긴 글쓰기를 몸에 체화하는 것이다. 자신도 모르게 쓰는 것이 점점 익숙해지는 방법이 바로 필사가 된다. 짬짬이 하는 필사를 통해서 책도 읽고 글쓰기 연습도 되니, 직장인으로서 필요한 독서, 글쓰기, 2마리 토끼를 다 잡는 방법이 되겠다.

보건교사가 글 쓰는 능력을 키우기 위해 글쓰기도 연습해야 한다는 생각을 가지고 연습을 하면 된다. 책을 가까이하려고 노력하고 책을 틈틈이 조금이라도 읽어야 한다. 보건교사로서 역량을 키우기 위한 독서라면 얼마든지 시간 할애를 해야 한다고 생각한다. 아무래도 직장에서 점심시간이나 자투리 시간을 이용해서 읽는다면 잠깐 독서라도 1년이 지난다면 큰 변화가 있을 것이다. 하루 20분만 책을 읽어도 한 달에 20일 근무이니, 400분이 된다. 한 달에 400분이면 7시간에 해당하여, 한 달에 7시간의 독서 시간을 가질 수 있다. 7시간이면 1권에서 2권 정도 읽을 수 있는 시간이다. 하루 잠깐에 해당하는 20분의 시간의 위력을 느낄 수 있다. 다른 일도 아닌, 독서라면 주변에서 격려해줄 것으로 판단한다. 필사 독서를 한다면 메시지 글쓰기 연습도 되니, 보건교사에게는 아주 좋은 방법이 된다.

보건교사는 점심시간이 더 바쁘고 쉴 시간이 따로 없다. 그래서 스스로 휴식 시간을 정해서 쉬어야 하는데, 독서를 하면 쉽게 쉼의 시간도 가능해진다. 내가 하고 있는 〈논어〉 필사처럼 고전을 필사해도 좋다. 필사라고 한다면 손으로만 하는 것을 생각하는데, 필사의 주 핵심은 남의 글을 베껴 쓰는 것이다. 그 방법은 중요하지 않다. 손이든 자판이든 상관없다. 자판으로 읽기 어렵지만 세월을 뛰어넘는 지혜가 담긴 고전을 필사로 읽는다면 보건교사에게 힐링과 성장의 2가지 선물을 동시에 안겨다 줄 것이다. 책을 가까이 하면 모든 것이 순탄해진다는 느낌을 받는다. 혼자의 생각으로 세상을 살아가는 것이 아니라 책을 쓴 위인들의 지식과 지혜를 활용해서 삶을 살아가기 때문이다. 가장 많은 해결해야 할 문제들을 기본적으로 가지고 있는 직장생활도 짬 시간을 활용한 독서가 절대적인 도움이 된다. 책을 가까이 한만큼, 글쓰기에도 자신감을 장착할 수 있다. 글 쓰는 방법에 대한 이해도가 높아져 자신도 모르게 성장하는 것이다. 당신이 보건교사라면 필사 독서법을 강추하고 싶다. 독서로 머리를 식히기도 하지만 필사라는 자판 글쓰기로 최근 보건교사에게 요구되는 핵심역량이라고 하는 글쓰기 능력까지 키울 수 있기 때문이다. 점심시간이나 큰일 한 건을 마무리한 후 잠시 여유로운 시간에 필사로 독서로 잠시 머리를 식혀보시길 권한다.

책쓰기에도 관심을 가져라

"모래주머니를 달고 달려봤나요?"

운동선수들은 다리 근력을 키우는 방법으로 모래주머니를 활용한다. 나도 이것을 발목에 달고 달린 적이 있었다. 초등학생 때 교내 배구선수를 할 때이다. 코치 선생님은 우리에게 모래주머니라는 것을 한번 보여주셨다. 그리곤, 그것을 차고 한번 달려보라고 했다. 아직 어린아이였기 때문에 경험 차원에서 그것을 보여주시고 실제 차고 달려도 보라고 하셨던 것 같은데, 한 번의 착용으로도 그것은 근력을 키우는데 탁월했다. 모래주머니를 발목에 메고 달리는 동안, 정말 힘들었다. 그냥 달리기도 힘들어했던 나는 왠 모래 주머니야 하는 생각이었다. 가벼운 무게의 모래주머니였지만 그것은 확실히 효과가 있었다. 착용하고 달릴 때는 내 다리가 천근 만근처럼 무거워 한 발을 들 때도 버거웠는데, 착용을 푼 이후에는 그 버거움만큼이나 달리는 다리가 가뿐해졌다. '달리기 어렵지 않네.'라는 생각과 함께, 발목에 날개 달린 듯 한 느낌이 들었다.

　글을 좀 더 잘 쓰고자 하는 사람에게 책 쓰기가 글쓰기의 모래 주머니와 같다. 책 쓰기는 글쓰기와 다르다. 글쓰기는 내 마음대로 할 수 있다. 형식도 특별히 없다. 오로지 내 마음에 집중해서 마음을 그대로 종이에 적어나가면 된다. 하지만, 형식이 없으니 성장이 더디다. 하지만 글쓰기가 아닌 책 쓰기는 다르다. 책 쓰기는 새로운 기능을 익히듯이 방법을 배우고 몸에 익히는 과정이 필요하다. 그것도 짧은 글이 아니라 긴 글쓰기에 익숙해지는 작업이다. 그래서 책 쓰기를 시도하면 책 쓰는 과정 중에 글쓰기가 성장한다. 짧은 글에 해당하는 인스타그램의 글이나 직장에서의 메시지 글은 자연스럽게 가뿐하게 쓴다는 기분을 가지게 된다. 운동선수의 모래 주머니 마냥, 책을 쓸 때와 쓰기 전에 차이가 확실히 생기게 된다.

직장에서의 메시지 활용은 소통에 정말 도움이 많이 된다. 보건교사라면 특별히 더 그런 소통이 필요하다. 왜냐하면 전체 학교 구성원을 대상으로 하는 행사들이 대부분이기 때문이다. 전교생을 대상으로 하는 건강검사가 있다. 건강검사가 하나, 둘이 아니다. 학교에서는 복지 차원, 건강 유지 및 증진 차원에서 검사들을 하는 것이다. 물론, 학교나 나라에서 대부분 검사비를 지원해 준다. 1학년은 병원에서 직접 검사를 받을 수 있도록 한다. 초, 중, 고가 시기는 다르지만 병원 진료를 한 번씩 단체로 받을 수 있다. 이때는 모든 몸의 영역을 한번 훑어 검사를 받는다고 보면 된다. 그 외 학년일 경우에는 고등학생일 경우 소변검사, 결핵 검사, 시력검사를 받는다. 교직원들도 최근에는 잠복 결핵 검사가 생겨서 고가의 검사를 학교에서 단체로 받았다. 이런 사업이 다 소통이 필요한 것이고, 검사 절차에 따라 여러 번 메시지를 쓰고 안내를 해야 한다. 그래야 검사가 제대로 진행이 된다. 학생은 700명, 교사는 100명가량이 하나의 검사를 위해 조화롭게 협력으로 움직여야 한다. 그러니, 중간역할을 하는 보건교사는 명확하고 핵심적인 메시지 글 작성으로 소통력을 높여 업무성과를 내는 중요한 역할을 해야 한다.

이런 상황에서 메시지라는 짧은 글이지만 두려운 마음이 있으면 메시지 쓰기를 생략하게 된다. 두 번 쓸 것을 한 번만 쓴다. 메시지 작성에 부담을 가지는 것과 그렇지 않은 경우, 그 행동에 있어서는 많은 차이를 나타낸다. 결국, 원활한 검사나 업무에 있어서 마음으로만 간직한 것은 의미가 없다. 어떤 행동을 취해주어야 일은 성사되고 조직은 잘 굴러가게 되는 것이다. 소통의 수단이 말과 글을 원활하게 사용해서 업무에 차질이 없어야 하는데 소통을 위한 그 활동에 부담감을 가지고 있다면 그 소통이 잘 이루어지기는 힘들 것이다. 사실, 보건교사가 글쓰기에 좀 더 편해져야 하는 이유가 여기에 있다. 소통을 편하게 하기 위함이다. 말이든, 글이든 자유자재로 내 맘껏 표현할 수 있도록 평상시 책 쓰기로 글을 쓰는 능력을 높이기 위해 노력해보자는 것이다.

모래주머니는 글쓰기가 아니라 책 쓰기라고 앞에서 이야기했다. 다른 말로 하자면 글쓰기는 형식이 없을 수 있다. 나름의 형식은 있을 수도 있지만, 형식이 없어도 크게 문제가 될 것이 없다. 하지만 책 쓰기는 반드시 형식을 가지고 써야 한다. 책으로 출간되어 많은 사람이 볼 수도 있기에 형식을 갖춰서 쓰게 된다. 이런 형식을 몸에 배게하기 위해서 책 쓰기를 도전해 보길 권하는 것이다. 형식이 몸에 배이면 어떤 글쓰기도 부담감이 줄어든다. 왜냐하면 그 형식대로 쓰기만 하면 되기 때문이다. 또한 머리로 아는 것과 몸으로 익힌 것은 다르다는 점을 말하고 싶다. 이론상에서 글쓰기의 기본 형식을 알 수는 있지만 내가 그 형식대로 써내는 것은 머리가 아니라 몸이 해야 한다. 머리에서 몸으로 내려오는 것은 시간과 노력이 요구된다. 그래서 메시지 쓰기도 머리로가 아니라 몸으로 익히기 위해 글쓰기가 아닌 책 쓰기를 도전 해야 한다는 것이다.

책 쓰기를 하면 일단, A4 2장 쓰는 연습을 해야 한다. A4 2장 속에는 여러 문단으로 쓴다. 한 문단, 한 문단이 모여서 A4 2장이 채워진다. 처음에는 채운다는 생각으로 써야 한다. 우리가 워낙 쓰는 환경과 거리가 먼 삶을 살았기 때문에 A4 2장을 채우기가 쉽지 않다. 1문단을 쓸 때도 A4 2장을 쓸 때처럼 서론-본론-결론식으로 쓰면 된다. 다만, 문단은 A4 2장에 비해서 짧으므로 서론-본론-결론에서 각 부분의 무게 중심을 달리한다. 긴 글에서는 근거에 관한 내용이 들어가는 본론에 무게 중심을 두고 짧은 글에서는 서론과 결론 부분에 중심을 둔다. 내가 표현할 수 있는 지면이 짧기에 내 생각과 메시지를 쓰는 서론과 결론 부분을 강조해서 쓴다고 생각하면 된다. 메시지를 쓸 때도 문단 쓰기와 마찬가지이다. 인스타그램의 글을 쓸 때도 마찬가지이다. 핸드폰 메시지를 쓸 때도 짧은 글쓰기 방식을 서론과 결론 부분을 강조해서 쓰면 된다. 결국, 메시지는 메시지를 쓰는 사람의 생각과 주장을 듣기 위해서 읽는 것이기 때문이다.

보건교사가 책 쓰기를 하면 어떤 어려운 상황에서도 제삼자의 입장이 된다. 객관적인 입장에서 그 상황을 바라본다. 개인적인 입장으로 그 상황에 매몰되는 일이 줄어든다. 나도 이것을 직접 느낀다. 책을 쓰는 것은 1꼭지 글쓰기를 하는 것이다. 1꼭지는 A4 2장 분량이다. 그 분량을 채우기 위해 1꼭지 글쓰기 형식을 몸에 익혀서 매일 쓴다. 나는 이른 아침, 되도록 1꼭지 쓰기를 가장 우선순위에 넣고 있다. 그렇게 매일 쓰다 보면, 내 안의 글 쓰는 자아가 있음을 느낀다. 나는 세상의 글감을 물어다 주는 자아이고 글 쓰는 자아는 그것을 객관적인 시각으로 바라보고 글로 써내게 된다. 한 사람이지만 글 쓰는 자아, 세상의 바다에서 글감을 가져오는 자아, 이렇게 구분이 된다. 직장에서 일어나는 다양한 상황들, 어려운 상황도 많다. 부당하게 느껴지지만 다른 사람의 의지대로 내가 움직여주어야 하는 상황들도 있다. 개인적으로 생각하면 모멸감이 들 정도로 마음이 무너져 내리는 상황이다. 하지만 글을 쓰면 객관적인 시각으로 다양한 방면에서 그것을 바라보고 판단을 내리게 된다. 그리고 글로 써낸다. 어려운 상황일수록, 세상에는 이런 일도 일어날 수 있다는 깨달음으로 더 신나게 글로 적을 수 있다. 그 과정에서 개인적으로 느끼는 모멸감과 불행감은 줄어든다. 학교에서 혼자서 건강과 관련된 다양한 공문을 처리하는 보건교사가 책 쓰기의 이런 효과를 보건교사의 삶에 활용하기를 바라고 있다.

책 쓰기를 한다면 메시지 쓰기의 부담감이 줄어드는 것은 가장 기본 중의 기본이다. 글쓰기로부터 해방감을 느끼게 될 것이다. 비록 짧은 글이지만 메시지를 통해서 보건 업무의 효과를 높일 수 있기 때문에, 메시지 쓰기를 일상화해야 하는데, 이것의 부담감을 내려놓고 어려운 상황도 객관적인 관점에서 글로 풀어내 문제해결을 높이는 책 쓰기가 보건교사에게 너무도 필요한 것이다.

나는 책 쓰는 보건교사이다. 주로 새벽 시간을 활용한다. 주말에는 필수로 책 쓰는 시간을 가진다. 답답하지 않냐고 생각할 수 있지만, 아니다. 오히려 즐겁고 행복하다. 책 쓰기가 내 삶을 완전히 변화시켰다. 개인적 삶도 보건교사의 삶도 평범에서 비범으로 바뀌어 가고 있다. 책을 쓰면서 삶이 덜 어려워졌다. 책 쓰기 전에는 억울한 것도 많아 항상 마음에 화가 차 있었는데 지금은 그렇지 않다. 어려운 상황도 제삼자의 시각으로 풀어내는 힘이 생겼다. 어떤 상황도 글감으로 변화시켜 책에 써내려고 한다. 보건 업무를 하면서 전 교직원에게 메시지는 부담감은커녕, 기회라는 생각이 든다. 조금 더 여유롭고 따뜻함을 전달될 수 있도록 글을 쓴다. 바쁘고 지친 교직원들이 부족하더라도 내 글로 인해 따뜻함을 느낄 수 있길 바란다. 최근, 병원에서 있을 법한 전자동 혈압계를 구매해서 교직원 건강관리를 위해 잘 활용하라는 안내메시지를 보냈다. '건강이 최고이다. 학교가 건강해지려면 교직원이 건강해야 한다.'라는 메시지를 접한 관리자가 답글을 보내주었다. "교직원 건강을 잘 챙겨주고 따뜻함을 느낄 수 있게 해줘서 너무 감사하다."라는 답글이었다. 나의 바람대로 한 사람이라도 그렇게 느꼈다는 것에 나는 또다시 감사했다. 책 쓰기는 보건교사가 해야 할 일이다. 보건 업무 효율은 물론이거니와 개인적인 삶뿐 아니라 주위 사람들의 삶에도 작은 변화의 파문을 일으킨다. 지금 '책 쓰기'란 주제로 온라인 서점에서 검색해보자. 책 쓰기에 대한 책들이 이미 넘쳐난다. 지금부터 조금씩 책 쓰기에 관심을 가져보길 권한다.

보건 노하우 사장하지 말고 글로 쓰자

———————

　나는 직장에서 메시지로 받은 의미 있는 글들은 따로 저장해 둔다. 필요할 때 다시 꺼내서 읽어본다. 사람마다 글 쓰는 스타일이 다양하다. 그 글을 보면 그 사람을 알 수 있다. 특히, 업무적으로 내가 알아야 할 사람이 있다면 그 사람의 글은 그 사람의 이름을 파일명으로 해서 저장해둔다. 예를 들어, 관리자의 글이나 부서 부장의 글이다. 올해 새로 취임하신 교감 선생님의 글을 저장해두었다. 전체 메신저로 보낸 내용이 근무 기강을 철저히 하자는 내용이었다. 강조부분은 빨간색으로 썼다. 〈맑은 고딕〉체로 강하면서도 부드러운 이미지를 풍겨주었다. 맑은 고딕은 내가 좋아하는 체로 나도 이 글씨체를 사용한다. 새로 부임한 관리자였기에 첫 글은 더욱 교직원들의 머리에 깊이 남아 있을 것이다. 부장의 글은 워낙 글 쓰는 재주가 돋보여서 저장해둔다. 감상적이면서 이성적인 글이다. 또한, 다른 교직원의 글도 참고하기 위해 저장해둔다. 어떤 업무추진에서 안내메시지 글들에 힌트를 얻기 위해 저장한다. 글로 소통하는 시대이다 보니, 다른 사람의 글도 나의 글 소통에 도움이 된다. 평상시 내가 경험한 업무 상황들도 글로 써 둔다. 새롭게 느낀 것, 새롭게 알게 된 정보, 나의 노하우들을 따로 저장해둔다. 이렇게 나는 매일 글을 쓴다. 매일 쓴 만큼 점점 글과 친숙해지고 글도 잘 쓰게 된다.

보건실에도 업무추진비가 필요하다. 학교 구성원은 보건교사에게 건강상담을 요청한다. 그럴 때를 위해 차와 다과가 필요하다. 사람은 입이 즐거워야 마음의 문도 열리는 법이다. 그런데 원만한 상담을 위해 필요한 다과를 구매할 예산이 따로 없다. 그래서 결국, 약품 구매할 때나 보건실 운영비로 구매를 한다. 그러던 차에 얼마 전, 행정실에서 약품에 커피와 차 구매는 안 된다는 연락을 받았다. 행정실 담당자는 다과는 업무추진비에서 구매를 해야 한다고 말했다. '업무추진비'를 나는 그때까지 잘 알지 못했다. 예산 관련된 내용은 익숙하지 않다. 요즘은 전 학교의 예산 편성 카드를 전부 공개하고 있어 언제든 확인할 수 있다. 그래서 부서별 업무추진비를 확인해보니 거의 대부분의 부서가 업무추진비란 예산 항목이 책정되어 있었다. 본예산 신청기간은 아니었지만 추경을 하라는 이야기를 듣고 '건강상담 다과 구매'라는 내용으로 10만 원, 신규예산으로 신청했다. 진로 상담부서에 '상담 다과 구매'가 있어서 그것에 힌트를 얻었다. 업무추진비는 학교 전체에서 사용 가능한 금액이 정해져 있다고 한다. 그래서 년초 본예산으로 신청해서 기획 회의를 통해 주로 결정된다는 연락을 받았다. 연말 다음연도 예산 신청을 할 때, 그때 신청해야 한다는 이야기이다. 금액이 10만 원으로 크지 않고, 타당성이 있다면 무난히 통과되지 않을까 추측해본다.

새로운 예산 항목을 추가하는 것을 평상시 어렵게 여겼다. 하지만, 필요할 때는 충분히 추가할 수 있고 필요없는 예산은 삭제할 수 있다. 이런 변화는 언제든 필요한 부분이다. 유연하게 조절하면 된다. 보건실을 찾는 학교 구성원에게 보건실에서 따뜻한 차 한잔 대접하는 것은 당연하다는 생각이다. 이야기만 하기보다는 훨씬 온화한 분위기가 되어 더 건강할 수 있게 도움을 줄 수 있다. 보건실에 업무추진비인 다과 구매비가 예산으로 책정된 학교가 얼마나 되는지 갑자기 궁금해진다. 건강상담을 위한 다과 구매는 필수 예산으로 책정해서 따뜻한 건강상담이 이루어질 수 있도록 하길 바란다. 오랜기간 학교의 보건 근무를 서면서 '건강상담 다과 구매'라는 업무추진비를 생각해보지 못한 나 자신에게 왜 그 랬을까? 가끔 생각해본다. 이제는 예산 항목을 당당히 잡고 그 예산을 편안하게 사용하면 될 것이다. 이런 내용도 보건 업무 노하우의 파일에 기록하면서 당당히 요구할 것은 요구하면서 일해야 한다는 것을 또 한번 다짐해본다.

11월이면 항상 있는 학교의 큰 행사가 대학 수능시험이다. 수능은 전 교사, 전 학생들이 1주일, 한 달 전부터 준비하는 그야말로 빅 이벤트이다. 하지만 수능 후 메시지 하나로 상처받은 교직원이 있을 수 있으니 메시지를 보낼 때도 세심한 배려가 있어야 함을 잊지 말아야겠다. 우리 학교는 특수학생이 시험을 보는 시험장이었다. 그래서 시험보는 학생은 적었다. 아무래도 인원이 적으니 감독의 부담이 조금 줄 수는 있지만 특수 학생이다 보니, 잘 보고 잘 듣는 것이 약해 시간을 1.5배로 제공하는 반이 있다. 그래서 다른 학교에 비해 수능시험이 2시간 더 늦게 끝난다. 시험시간이 길어지면 덩달아 학교에 남아 있어야 하는 교직원이 있다. 행정실 수능 당일 일당을 나누어 주는 직원이 포함된다. 수능 감독 수고비는 계좌이체가 아니라 당일 날 현금으로 제공한다. 월급은 보통 통상으로 들어오지만 그날은 직접 현금으로 받는다. 그 기분은 확실히 달라 현금으로 받으면 더 보람을 느끼게 된다.

정말 수고비를 나누어 주는 입장에서는 큰일이란 생각이 든다. 감독관이 대략 80명 정도이다. 80명 분의 수고비를 은행에서 찾아와서 그것을 일일이 세어서 봉투별로 넣어 수능이 끝나면 당사자에게 사인을 받고 나누어 준다. 복직 후 나는 수고비를 나누어 준다는 사실조차 잊어버리고 그날 받지 못했다. 그 다음날 행정실로부터 연락을 받고 수고비를 받았었다. 나같은 사람이 또 있으면 일일이 연락도 전달해야 한다. 나 같이 수고비를 잊어버리는 사람이 거의 없겠지만 이 또한 일인 것이다. 수능 날은 시험감독관만 힘든 것이 아니라 수고비를 나누어주는 행정실의 수고 또한 큰 것이다. 이런 상황에서 수능이 끝나고 교무부장은 수능 때 고생하셨다는 메시지를 보내면서 행정실을 빠트렸다. 내가 알고 있던 행정실 교직원은 그 메시지를 보고 나에게 질문했다. " 언니, 우린 뭐야? 수능 날, 수고비 나누어준다고 고생한 우리는 뭐야?"라는 말을 했다. 그 행정실 직원은 개인적으로 잘 알고 있어서로 언니, 동생하고 있었다. 그 친구의 그 말을 듣고 나는 할 말이 없었다. 교무부장이 누군가에게 상처를 주기 위해 감사의 메시지를 보낸 것은 아니었을 것이다. 의도하지 않았지만, 칭찬의 메시지에 상처받는 일부의 사람도 있을 수 있다는 사실을 항상 주의해야겠다.

칭찬의 메시지는 특별히 조심해야 한다. 수능 후 메시지를 통해서 결과적으로 상처를 받는 교직원이 생겼다. 그 메시지의 내용은 수능이 무사히 잘 끝났다는 것에 감사하다고 쓴 후, 특별히 감사한 사람에 대해서 일일이 이름과 한 일들에 대해서 언급을 했다. 그 사람들이 대부분 교무부 교직원들이었다. 행정실 식구들은 더더욱 소외감과 약간의 배신감을 느꼈던 것이다. 그래서 메시지를 보낼 때, 개인 이름을 거론하면서 특별히 더 감사하다고 글을 쓰는 것은 지양해야겠다는 생각을 해봤다. 수능을 위해서 모든 사람은 한마음으로 일을 치렀을 것이다. 그런 마음을 헤아려 모든 사람에 대한 감사함을 동일하게 전하면 좋지 않을까 생각한다. 보건인 나조차도 응급상황이 발생하지 않도록 기도하는 마음으로 그날을 보냈다. 교무부장은 관리자 다음으로 학교에서 직위를 인정받는 자리이다. 그렇다면 특별히 더 주의해서 메시지를 보내야 한다는 생각이 들었다. 어찌하였든, 감사 메시지, 칭찬 메시지를 보낼 때는 특히 더 섭섭한 사람이 없도록 그 대상을 두루뭉술하게 글을 쓰는 것이 좋다. 이런 부분도 글로 쓰면서 메모로 남긴다. 글로 쓰면서 그 행정실 식구의 표정과 말이 가슴을 다시 한번 때린다. 그래서 더욱 구구절절하게 내용을 쓰고 남기게 된다.

업무를 서면서 알게 된 나만의 노하우가 있다. 보건교사라면 저마다 노하우가 있을 것이다. 그 노하우들을 다 모아 1권의 책으로도 충분히 가능하지 않을까 생각해본다. 노하우는 자신만의 파일에 글로 적어 남겨서 두고두고 마음에 담아야 한다. 사람은 망각의 동물이라 잘 잊어버린다. 1년에 한 번 하는 업무들이 많기에 적어놓은 노하우 파일을 다시 열어보기도 한다. 무엇이든지 우린 쓰는 것을 습관으로 해야 한다. 보건 업무를 통한 경험과 노하우는 글 쓰는 좋은 재료가 된다. 글의 기본이 경험과 자신의 생각인데, 이런 경험들을 하루에 한 개씩이라도 매일 적는다고 결심하고 실천한다면 글쓰기에는 점점 익숙해지고 메시지 쓰는 것은 더욱 자연스럽게 될 것이다. 자연스러움을 자신에게 부담이 되지 않는다는 이야기이다. 부담감을 느끼는 것은 결국 우리의 성장들을 가로막는다. 업무를 서면서 느낀 귀한 노하우와 감상을 매일 글로 쓰길 권한다.

책 쓰기를 도전하면 메시지 쓰기는 쉽다

──────────

메시지 쓰는 것이 조금 쉬워지기를 바란다면 책 쓰기 도전을 추천한다. 책 쓰기는 글쓰기와 다르다. 글쓰기는 글을 잘 쓰는 사람들이 주로 하는 활동이라고 여긴다면 책 쓰기는 글을 잘 못 쓴다고 생각하는 사람도 도전해서 책쓰기를 배우고 익혀 출간까지 할 수 있다. 자전거를 배우거나 수영을 배울 때처럼, 먼저 그 길을 간 사람들의 도움을 받아 배우고 익히면 글을 못 쓰던 사람도 글쓰기에 변화가 생긴다. 글쓰기도 하나의 기능임을 강조하고 싶다. 배우고 익히는 과정을 통해 글쓰기의 실력은 점점 향상한다. 내가 책 쓰고 있다고 하면 가장 많이 하는 말이 다음과 같은 말들이다. "글쓰기 재능을 타고 나셨네요! 어떻게 책을 쓰세요? 부럽습니다." 사실은 글을 잘 쓰기 때문에 책을 쓰는 것이 아니다. 책을 쓰면서 글쓰기가 점점 익숙해고 만만해지면서 또 책을 쓰게 된다. 대부분 사람이 책 쓰기 하면 앞에서 말한 고정관념을 가지고 있다. 책을 써보지 않은 사람일수록 고정관념은 묵직한 바윗덩어리처럼 고정되어 흔들림이 없다. 누구나 책 쓰기를 할 수 있고 책을 쓰고 출간까지 하면 우리가 얻게 되는 이득은 한 두 가지가 아니다. 출간한 내 책을 읽는 사람에게는 자신과 비슷한 사람의 삶을 읽고 위안의 선물을 받게 된다. 하지만, 독자가 받는 혜택 전에 글을 쓰는 나 자신이 먼저 그런 다양한 혜택의 수혜자가 된다. 그래서 책은 타인을 위해 쓰는 것이 아니라 나 자신을 위해서 쓰는 것이라고 말할 수 있다. 나 자신을 위해 쓰는 책 쓰기, 그 가장 기본적인 효과는 글쓰기에 대한 익숙함 플러스 직장에서 원활한 소통 능력의 획득이다. 직장에서 소통력은 결국 맡은 업무의 성과를 높일 뿐 아니라 스스로 만족감과 행복감의 수치도 상승한다.

〈미세먼지 보고 관련 안내〉

안녕하세요

연말이면 루틴으로 하는
미세먼지 관련 보고가 있어
자료 보냅니다.

점검 후 부서에 해당하는 항목에 체크하시고 서명하셔서
보내주시면 감사하겠습니다

오늘도 좋은 하루 되세요.

　사회가 변화할수록 건강에 관한 관심이 높아진다. 자녀 건강관
리에 관한 관심은 아주 예민할 정도이다. 아이들을 대변해서 내
아이의 건강은 내가 지킨다는 생각들이 부모라면 강하다. 내 소
중한 아이가 건강한 환경에서 교육을 받기를 바라는 것은 당연한
마음인 것이다. 최근 대두되고 있는 미세먼지에 관한 생각들도
마찬가지이다. 미세먼지가 발생하는 날에는 교외 활동을 자제하
고 학교에서도 수업을 조절해서 미세먼지로부터 안전하게 학생
들을 보호한다. 평상시 미세먼지를 관리할 장치들을 학교에 설치
하고 미세먼지 관련 교육이나 건강관리를 해주길 부모들은 바란
다. 그래서 새로운 업무가 추가되었다. 주로 연초에 미세먼지가
발생하고 있지만, 연말까지 관리는 이어져야 한다. 그것도 한 부
서에서 할 수 있는 것이 아니라 최소 세 부서 협업으로 이루어진
다. 3개의 부서는 학과과정 조정하는 교무부, 공기정화기 기타 시

설 설치 및 관리를 위한 교육행정실, 그리고 건강을 위한 교육이나 처치를 할 보건실이다. 그런데, 어느 부서가 주무 부서가 될 것이냐고 학교 현장에서는 혼선이 일어나는 경우가 종종 있다. 미세먼지 관련해서 하는 일 자체는 그렇게 어렵지 않지만, 미세먼지 계획이나 교육청 보고, 다른 부서와의 소통이 필요할 중심부서가 필요하다. 나는 스스로 주무 부서가 되기로 했다. 크게 어렵지도 않고 또한 이런 것으로 인해 불편한 마음이 자꾸 생기지 않도록 하기 위함이다. 매번 주무 부서로서 3부서의 담당자에게 메시지를 보내 소통한다. 교무부장, 행정실 담당자에게 메시지를 보내, 상황설명을 하고 필요한 보고자료를 받는다. 학교 교무부나 행정실은 사람이 자주 바뀐다. 행정실은 빠르면 2년을 채우지 않고 다른 사람으로 교체된다. 교무부장 업무를 맡는 교사도 마찬가지이다. 그래도 조금 더 긴 시간 자리를 지키는 보건교사가 주최가 되어 메시지를 주고 받으면서 미세먼지 업무를 처리하면 무난하지 않을까 생각하고 있는데 이것도 학교 상황에 맞게 상의 후 결정하면 될 것이다. 조금 곤란하게 느끼는 업무도 메시지 쓰기가 막연하게 느껴지면 부담이 된다. 메시지의 내용을 최대한 오해없이 쓰고 수정하는 작업을 통해, 업무 하나가 거부감없이 잘 마무리가 된다. 얼굴보며 소통하기 힘든 업무일수록 메시지를 활용해야 한다. 메시지 글의 위력은 이런 곳에서 나타난다.

책 쓰기를 하면 메시지 쓰기 능력을 향상시킬 수 있다. 그 이유가 있다. 책을 쓰기 위해 나는 필사를 강조한다. 필사는 자판으로 두드려서 치는데, 이것을 최소 1달 이상하면 서서히 내 안에 잠들어 있던 글쓰기 본능이 꿈틀거린다. 그 꿈틀거림에 이끌려 실제 한 번씩 긴 글을 써보기도 한다. 필사에도 고정관념이 있는데, 손 필사가 아닌 자판 필사로 쉽게 시작한다면 글쓰기란 새로운 세상을 만나게 된다. 책 쓰기는 짧은 글이 아닌 긴 글을 써야 하기에 이런 필사를 권한다. 하루 필사할 분량은 A4 2장이다. 이것을 매일 가볍게 필사하다 보면 한 달 후 글을 계속 쓰고 싶다는 생각을 하게 된다. 이것이 책 쓰기를 하게 되는 동기가 되기도 한다. 필사는 혼자서도 할 수 있다. 하지만, 혼자서 하는 것은 지루하게 혼자서 달리는 것과 같다. 달리기를 하면서도 옆에 누군가가 뛰어가는 것을 볼 수 있다면 그 환경 자체는 스스로 동기부여를 하는 효과가 된다. 그래서 책을 쓸 수 있는 그룹에 소속되어 이 책 쓰기 과정을 해보길 권한다. 보건교사 메시지 쓰기를 자연스럽게 몸에 익히기 위해 내가 강조한 책 쓰기, 이 책 쓰기가 메시지 쓰기 능력을 향상시키는 구체적인 이유들은 다음과 같다.

첫째, 책을 쓰면 글쓰기가 몸에 스며든다.

글쓰기 능력을 키우겠다고 글만 쓰면 변화가 더디다. 글쓰기는 해도 되고 안 해도 되는 선택의 영역이라고 착각하게 된다. 틀에 매이지 않기 때문에 자신의 마음을 따라 할 때도 있고 안 할 때도 있게 된다. 아마도 점점 글쓰기를 안 하게 될 가능성이 커질지 모르겠다. 하지만 책 쓰기는 처음에 공저부터 혼자서가 아니라 여럿이 함께 쓰기에 중도에 포기하지 않는다. 그래서 매일 필사하면서 단톡방에 필사한 인증사진도 올리게 된다. 이것이 별것 아닌 것 같지만, 계속 내가 글을 쓰게 만드는 든든한 시스템이 된다.

둘째, 쓰는 것의 부담이 준다.

매일 하는 것은 점점 익숙해진다. 매일 쓸 수 있다면 쓰는 것이 내 몸에 익숙해지는 것은 시간문제이다. 시간이 지날수록 쓰는 것을 일상처럼 자연스럽게 느껴질 것이다.

셋째, 서론-본론-결론의 형식이 익숙해진다.

긴 글을 쓰기 위해서는 형식이 필요하다. 보통 사람들은 아무 글이나 최대 A4 1장까지는 쓸 수 있다. 하지만 A4 2장 이상, 길게는 쓰지 못한다. A4 2장 이상을 쓰려면 형식이 필요하다. 서론-본론-결론의 형식이다. 책 쓰기가 이런 형식을 익힐 수 있는 과정이다. 필사를 통해서 몸에 익히는 것부터 시작해서 점점 긴 글쓰기의 패턴을 내 몸에 장착한다. 긴 글쓰기 형식을 익히는데, 필사만 한 것이 없다. 필사를 매일 할 수 있다면 자신도 모르게 글을 쓰는 형식을 흡수한다.

넷째, 자신의 마음을 글로 써내는 데 조금 더 익숙해진다.

나는 책을 쓰려면 필사하고 감상 글쓰기를 권하고 있다. 이 감상 글쓰기가 바로 자신의 마음을 글로 써내는 연습을 하는 것이다. 말은 그래도 이것저것 말하다 보면 내가 하고 싶은 말을 하게 되는데 글은 잘 안된다. 글로 쓰다 보면 삼천포로 빠지는 경우가 많다. 하지만 책 쓰기의 과정에서 나는 매일 쓰는 감상 글을 통해 짐짐 내 마음을 남이 알아듣노록 쓰게 된다.

메시지 쓰기 연습하는데 무슨 책까지 쓰느냐고 생각할 수 있다. 너무 거창한 것처럼 느껴질 수 있다. 하지만, 책 쓰기란 틀을 내 일상에 적용하면 설사, 책을 쓰지 못할지라도 글 쓰는 형식을 익혀 글 쓰는 것에 부담을 줄이는 효과를 확실히 얻을 수 있다. 매일 필사하고 필사한 후에 느껴지는 내 마음을 글로 써내는 감상 글을 쓰는데, 글 쓰는 것이 어찌 나의 삶이 되지 않겠는가? 목표를 조금 크게 잡고 시작하면 그 목표를 이루지 못하더라도 작은 목표라도 이루게 되기 때문에 이 방법을 추천한다. 필사는 그저 베껴 쓰면 된다. 출간한 책을 펴고 자판을 두드리면 되는 것이다. 너무 쉬워서 그 가치를 오히려 의심하기도 한다. 쉽다고 가치가 없는 것은 아닌데, 그런 착각일 들 정도로 쉽다. 쉬우므로 매일 할 수 있어서 좋고 그 매일 하는 것 때문에 그 행동이 점점 내 몸에 익어 어떤 어려운 상황에서도 글쓰기 능력은 점점 좋아진다. 보건 업무를 하면 다른 부서와 업무가 걸려있어서 말하기도 애매하고 말 안 하기도 마음 불편한 업무들이 있다. 이런 상황에서도 매끄럽고 기분 상하지 않도록 메시지로 소통한다면 일은 생각 외로 술술 풀려간다. 메시지를 통해 내 마음을 전달한다면 대부분 사람은 좋은 마음으로 답변을 해준다. 세상에는 그렇게 악한 사람이 없다는 것을 알게 된다. 정말 싫은 사람이 직장에서 생겼다 하더라도, 소통의 문제이지 사람의 문제는 아니다. 책 쓰기를 도전한다면 삶에서 꼭 필요한 글쓰기 능력을 키워갈 수 있다. 어렵지 않은 책 쓰기 과정, 나도 충분히 도전할 수 있고, 그 도전으로 보건 업무 역량인 메시지 소통 능력을 겸비하게 될 것이다.

제5장

만만한 메시지 쓰기로 학교 건강 수준을 높여라

글로 소통하는 시대,
보건업무도 예외일 수 없다

———————

코로나19 팬데믹 이후에 글에 대해 조금은 더 익숙해진 듯하다. 직장인이라면 글과 친해지지 않으면 안 되는 상황이 되었다. 비대면의 시대를 통과하며 글의 존재감을 특별히 느끼면서 우린 글쓰기 능력을 키우기 위해 노력한다. 이제는 누가 뭐래도 글도 말처럼 나의 무기가 되어야 한다는 것이다. 말만 하는 시대가 아니라 글로 소통하는 시대, 보건업무를 할 때도 마찬가지로 글을 적극적으로 활용해야 한다. 글을 자유자재로 쓰는 보건교사와 글쓰기를 두려워하는 보건교사. 업무의 성과는 물론이거니와 개인적으로 업무 스트레스에도 차이가 날 것으로 본다. 글로 간단히 소통할 수 있는 일들도 글보다는 말을 선호해서 전화한다. 전화할 때, 상대 교직원이 있다면 다행이지만 그렇지 않은 경우가 대부분이다. 바로 통화하기가 쉽지 않다. 하지만 통화 전에 메시지를 활용하면 훨씬 일이 수월하다. 메시지로 용건을 남겨두면 나중에 메시지를 확인한 교사는 직접 보건실로 전화를 하거나 메시지로 답을 준다. 그렇게 하면 업무 부담이 30% 이상은 줄어든다. 이 좋은 것을 안 할 이유가 없다. 나이가 있는 교사인 경우, 말로 하기 위해 전화를 사용하는 것이 편하다고 생각할 수 있는데, 그렇게 전화만을 고집한다면, 일 진행이 잘 안 되는 때도 있다. 그래서 원활한 업무를 위해 말과 글을 함께 사용해야 하며 이것이 처음에는 익숙하지 않더라도 시간이 지날수록 적응이 된다.

〈교직원 엑스레이 결핵 검사 해마다 실시 안내〉

학교에 근무 서시는 교직원은 법령에 따라
해마다 결핵 검사를 시행해야 합니다.

올해, 공단 검진에 해당되지 않는 교직원 중에서 검사를 희망하시는 분들은 8월 21일, 학생 결핵 검사 때 함께 검사를 실시했습니다. 아직, 결핵 검사를 시행하지 않은 교직원께서는 결핵 검사 여부 확인하시어 개별적으로 실시하시길 바랍니다.

참고로, 최근 학원가에 결핵의심 환자가 발생하여
비상 상황인 듯합니다. 결핵 검사를 시행하여 본인은 물론, 건강한 학교가 될 수 있도록 협조 부탁드립니다.

**참고로 엑스레이 결핵 검사는 혈액검사로 하는 잠복 결핵 검사와 다릅니다. **
문의:내선 번호 119

학교에서는 전학생, 전 교직원이 해마다 결핵 검사를 하고 있다. 1학년은 병원에서 검사를 받고, 2, 3학년, 교직원은 엑스레이 검진차가 학교를 방문한다. 원래는 전학생들 지원으로 하고 있지만, 공단 검진해가 아닌 교직원은 학생들이 할 때, 학교 지원으로 검사를 할 수 있도록 한다. 그런데, 검진 안내를 했는데도 불구하고 깜빡한다거나 바쁜 일이 있어서 학교 검사를 놓치는 경우가 있다. 만약, 그 사람이 결핵이라도 걸린다면 학교는 대혼란이 일어날 것이다. 그래서 항상, 결핵 검사는 특히 더 강조한다. 이런 여러 번의 안내와 강조에도 불구하고 빠뜨리는 교직원이 가끔 있다. 그래서, 반복해서 안내한다. 최근에는 잠복 결핵 검사 의무사항이 새로 생겨서 이것하고 결핵 검사를 헷갈린다. 질문하는 사람이 있는가 하면, 아예, 같은 검사라고 자의적으로 판단하여 결핵 검사 자체를 안 한때도 있다. 보건교사의 업무의 애로사항이 이런 부분이다. 항상 뭔가를 체크해야 한다는 것이다. 각종 검사에서 빠진 사람들을 챙겨서 검사를 받도록 하는 것이 많이 신경이 쓰이는 부분이다. 특히, 소변검사는 빠뜨려도 학교 전체에 전이가 되는 상황이 아니기 때문에 그 피해가 덜하다. 하지만 전체 학교의 건강에 직접적 영향을 미치는 감염병 질환인 결핵 검사는 꼭 챙길 수 있도록 해야 함을 항상 기억해야겠다.

검사의 누락자를 찾는데도 메시지가 큰 역할을 한다. 검사를 받았는지, 안 받았는지 잊어버릴 수 있기에 한 번씩 이런 안내메시지를 보내면 스스로 확인한다. 그래서 전화가 온다. "결핵 검사 보건소에서 해도 되나요? 제가 깜빡하고 못 했습니다. 학생들 검사할 때, 수업하느라 잊어버렸네요." 그러면, 다시 안내한다. "보건소는 학생들만 무료로 검사를 받을 수 있어요. 인근 병원이나 보건소에서 소정의 검사비를 내고 검사를 하시면 될 것 같아요." 그러면, 그것을 참고해서 병원이나 보건소를 선택해서 검사를 받는다. 메시지 하나로 결핵환자를 확인할 수도 있는 것이다. 그래서 학교 전체의 결핵 전염을 예방할 수 있다.

내가 보낸 메시지 자체가 또한, 나의 일한 흔적이 된다. 메시지를 보면 그 사람이 어떤 일들을 했는지 알 수 있다. 작년에는 교직원 결핵 검사에 대한 강조 메시지를 보내지 않았다. 왜냐하면 검사하겠다고 한 교직원은 거의 다 했기 때문이다. 하지만, 올해는 중간에 검사를 받지 못했다는 연락을 받은 것이다. 그래서 다시 검사 안내를 반복해서 했다. 올해 이 메시지를 보내고 보니, 해마다 교직원에 대한 결핵 검사 메시지는 보내야겠다는 생각이 들었다. 교직원은 2년에 한 번씩 건강보험 공단 건강검진을 하는데, 그때 결핵 검사를 루틴으로 한다. 건강보험 공단 검진 해가 아니라도 개인적으로 검진을 하는 경우가 있다. 그래서 학생검진 때 교직원은 희망자에게만 검사를 받을 수 있도록 한다. 100% 통제가 되지 않는 검사이기에 결핵 검사는 꼭 해야 한다는 안내메시지를 해마다 보내고, 그것도 여러 번 보내는 것이 맞는다는 생각이다. 이렇게 여러 번 메시지를 보내면, 메시지는 언제든 확인할 수 있고 흔적으로도 남아서 그 일을 하는 사람이 최선을 다한 것을 알려준다. 글이 중요한 이유 중의 하나이다. 직장에서 글로 자신의 존재가 드러나게 된다. 말없이 글 없이 조용히 일하는 사람도 물론 있을 수 있지만, 글로 남기는 것이 여러모로 유익하다.

　과거, 업무 전산시스템이 원활하지 않아 메신저 시스템이 없을 때는 어떻게 일을 했을까 생각이 든다. 아마, 보건교사는 소통 측면에서는 2배, 3배로 어려웠을 것이다. 지금은 언제든 메시지를 보낼 수 있어서 다행이다. 일하는 방식이 달라졌다. 좀 더 우아하게 일할 수 있다. 일할 때는 전화보다는 메시지를 먼저 사용한다.

전화 통화가 편리한 것 같지만, 이 방식은 시간을 낭비할 수 있다. 바쁜 와중에 한 번 전화해서 상대방이 자리에 없으면 다시 연락해야 하고 일하다가도 기억했다가 다시 전화하여 그만큼 시간과 에너지를 소모하게 된다. 먼저, 메시지 글을 상대방이나 전체에게 보내어 당사자가 스스로 확인하고 궁금한 것이 있다면 연락하는 식의 업무처리 방식이 전 교직원을 상대로 일하는 보건교사에게는 좋은 방법이다. 보건교사는 한 학교에 한 명이다. 전 교직원, 전학생을 대상으로 하는 업무들이 많다. 그런 일을 하기에는 메시지 시스템이 바로 효자이다. 카톡 시스템의 회사에서 화재가 발생하여 하루 이틀 사용할 수 없을 때 대혼란이 일어났었다. 학교에서도 카톡 시스템을 바탕화면에 깔지 못하도록 한때가 있었던 걸로 기억한다. 빠른 정보교환이 가능했던 카톡을 사용 못 했을 때, 업무 자체가 힘이 들었다. 글은 이제, 우리가 적극적으로 사용하지 않으면 일을 할 수 없는 시대이다. 보건교사인 당신이 글쓰기에 좀 더 만만해질 수 있도록 시간을 투자해보시길 권한다.

메시지는 업무 누락을 줄인다

─────────

우연히, 대학 때 썼던 일기장을 발견했다. 그 당시, 나는 제법 여러 권의 일기를 썼었다. 일기노트는 5권 이상이 되었다. 일기장을 펼쳐 보니, 깨알같이 볼펜으로 눌러쓴 글이 보였다. 국군 간호 사관학교를 졸업한 나는 그 당시 기숙사 생활을 했었고 외출이 자유롭지 못했다. 주중에는 수요일만 가능했고, 주말에는 외출과 외박을 할 수 있었다. 한참 젊은 나이에 갇혀 있다는 답답함을 글로 써냈던 것 같다. 글쓰기를 언제 해봤나? 전혀 글은 어떻게 쓰는지 배우지도 않았고 그전에는 관심조차 없었다. 하지만, 일기장의 글은 내가 하고 싶은 말들을 문맥에 맞게 쏟아냈다. 쓰고나서 스스로 감탄할 때도 있었다. 나뿐만 아닐 것이다. 집중해서 쓴 일기장의 글들, 그것만 봐도 우린 저마다 글 쓰는 능력을 타고났다고 볼 수 있겠다. 말처럼, 필요할 때는 누구나 구구절절, 가슴 속 깊은 것의 맘들을 글로 쓸 수 있다. 다만, 그런 환경이 주어지지 않아서 쓸 기회가 없었을 뿐이다. 그 일기장을 보면서 그런 것을 많이 느꼈다. 또한, 느낀 것이 글을 읽으면서 과거 그 시간이 생생히 다시 살아난다는 것이다. 어제 일마냥 기억이 또렷해졌다. 글을 통해서 내가 다시 그 과거의 시간으로 흘러 들어간 느낌이다. 대학 동기 누군가와 '술 내기'를 한다고 외출했던 수요일, 동기들과 호프집을 찾았다. 그 호프집이 아직도 선명하게 기억된다. 지금은 대학생들이 절대로 안 갈 것 같은 시골틱한 인테리어의 호프집이었다. 한 친구와 나는 호프 마시기에 열중했었다. 그렇게 9시 복귀시간까지 2시간 남짓 호프를 마시다 우리는 학교로 복귀하였고, 복귀 후 바로 점호를 받는 중에 그 동기는 서 있지 못하고 구토를 하는 바람에 점호 장소가 아수라장이 되었다. 일기 글을 보면서 너무나 생생히 그 시간들이 되살아났다. 글이란 것이 그렇다. 글을 통해서 우린 과거의 일을 기억하고 현재와 미래를 되돌아본다.

〈"보건실 이용 허가증" 이용 안내〉

 안녕하세요

"보건실 이용 허가증" 양식 보내드립니다.

생활 인권부에서 이미 안내 드린 대로
수업 중, 보건실 이용을 원하는 학생들은
교과 선생님께서 허락 사인을 해주신 허가증을
지참하고 보건실을 방문하도록 하고 있습니다.
허가증 활용 취지는 보건실을 핑계로 한 일탈행위를
예방하기 위함이니 적극적인 협조 부탁드립니다.

담임선생님께서 교실에 비치해주시기 바랍니다.
허가증 비치 위치는 앞문과 가까운 칠판 주변으로 통일하여
주세요 (가끔 양식지를 찾지 못하는 경우가 발생합니다.)
* 허가증 양식지는 구글 클래스룸에도 올려두었으니 참고하세요.

즐거운 하루 보내세요.

　학생들은 수업 시간 중 보건실을 이용할 때 보건실 이용허가증
을 챙겨서 온다. 간혹 있는 일탈행위의 학생들이 수업 중 교실을
벗어나기 위해 가장 좋은 핑곗거리로 사용하는 것이 아파서 보

건실 간다는 것이다. 보건실을 악용하는 경우이다. 이런 학생들이 학교를 이탈해서 무단외출을 했다가 사고를 당하는 일도 있었다. 이럴 때 사고 난 학생은 물론, 담당 교과교사, 학교는 정말 빼도 박도 못하는 어려운 상황에 부닥치게 된다. 그래서 생각한 것이 허가증이다. 이것은 쉽게 말하면 수업 시간에 학생들의 통행증과도 같은 역할을 한다. 어떤 학생들은 수업 시간에 늦게 들어갈 것 같으면 아프지도 않은데, 보건실을 들렀다. 보건실에서는 보건실 이용확인증을 떼어주니, 그것으로 자신의 알리바이를 만들기 위해서이다. 아이들의 기발한 아이디어는 날이 갈수록 진화한다. 학교에서도 단단히 아이들을 관리해야 한다. 별것 아닌 것처럼 보였던 허가증 하나가 큰 역할을 했는데, 이런 일탈행위를 예방하는데 탁월한 방법이었다. 교과교사도 보건교사도 아이들의 동선이 확실하니, 안심하고 아이들을 보낼 수 있다. 기록한 시간을 확인하고 교실과 보건실 사이에 아이들이 다른 곳을 들렀는지도 추측할 수 있다.

문제는 허가증이 가끔, 교실에 비치되지 않는다는 것이다. 담임교사가 출력해서 교실에 비치해두는데, 바쁘다 보니, 챙기지 못하는 상황이 발생한다. 그러면 허가증이 아니더라도 교과교사가 아무 종이에 아이의 이름과 교실 나온 시간을 적어서 보내면 된다. 사람 성향에 따라서 꼭 이 허가증 양식지가 있어야 가능하다고 생각하기도 한다. 그래서, 양식지 없이 그냥 보건실을 온 아이에게 나는 양식지를 주어서 다시 교실로 보내 교과교사의 시간과 사인을 받아서 오게 한다. 이렇게 돌려보냈던 아이는 다음에 보건실을 올 경우가 생기면 학생 본인이 잘 챙겨온다. 허가증이 없으면 아무 종이에다가 적어서 달라고 교과 교사에게 요청하기도 한다. 학생 사건·사고를 막기 위해 필수품이 된 허가증 양식지에 대한 안내는 여러 번 한다. 나도 바쁘다 보면 그냥 지나가는 일도 있지만, 메시지 글 파일을 열어서 허가증 관련 메시지를 찾는다. 안내를 한 번 더 하면 확실히, 허가증없이 빈손으로 오는 학생이 줄어든다.

부장님
맛난 점심 하셨나요?
내년 창제 시간에 성교육시간 넣어야 할 것 같아요.
혹시, 창제 관련 필요한 시간 요청이 교육과정부서에서 연말에 있다면 넣어주시기를 바랍니다.
그리고, 시력 측정시간 1시간만 따로 교육과정 부장님께 제가 요청할게요. 이때, 시력 측정하면서 보건교육(마약 예방교육이나 기타)도 함께 실시 예정입니다.

한 해를 마무리할 시점이 되었다. 보낸 메시지 파일을 보니, 위의 메시지가 있다. 아마도 6월이나 7월쯤 보낸 메시지인 듯하다. 성교육은 주로 창제 시간에 실시한다. 하지만 올해는 창제 시간에 성교육이 들어가지 않아서 시간을 따로 마련해서 실시했다. 교육과정 부장이 바뀌면서 다른 의무교육을 넣다 보니 성교육이 빠졌다. 성교육 한 두 번으로 학생들이 성에 대한 교육이 제대로 된다고 말할 수는 없지만, 그래도 성과 관련된 사건·사고가 발생했을 때, 학교 단위에서 외부 전문 강사 성교육을 했냐 안 했냐를 꼭 질문받는다. 담당자가 아니면 여기까지 생각을 하지 못한다. 그래서 특별히, 이 부분을 미리 부장에게 이야기해서 건의할 수 있도록 했다. 메시지 파일을 보면서 내년 성교육을 위해 다시 한번 부장한데 말해야겠다고 생각했나. 연말에는 내년에 할 계획을 미리 세운다. 예산 편성도 연말에 실시하고 이런 중요한 부분은 미리 계획을 세워 준비한다. 보낸 메시지를 한 번 더 훑어봄으로써 보건실에서도 내년 할 보건 업무를 체크하고 제안한다. 교직원에게 보낸 메시지 글이, 결국은 보건 업무를 누락시키지 않도록 하는 하나의 수단이 되기도 한다.

메시지는 보건 업무를 놓치지 않게 하는 방법이 된다. 모든 글은 보관할 수가 있다. 다양한 업무의 기록을 이미 보관하고 있지만 메시지도 또한 따로 보관해둔다. 가끔 나는 다른 사람의 메시지도 '다른 교직원 메시지'라 파일이름을 붙여서 저장한다. 좋은 글, 중요한 정보, 기타 다양한 이유로 다른 사람의 메시지 글을 보관한다. 그 글을 보면 그 사람이 보인다. 글은 내면을 드러내기 때문에 자신을 숨길 수가 없다. 글을 읽으면서 그 사람을 읽는다. 그 사람이 조금 보인다면 협조를 구할 때 참고사항이 된다. 그 사람에 맞게 소통하는 방법을 생각한다. 당연히 업무의 성과률은 올라간다. 모아둔 메시지 글의 가장 큰 효과는 역시, 업무를 한 번 더 되돌아보고 다시 챙길 수 있다는 것이다. 메시지가 없다면 기억으로 되새겨보아야 할 것이다. 나이가 들면서 기억은 쇠퇴하고 어제 일도 가물거린다. 메시지 파일이 최고라는 생각이다. 오늘 날짜부터 며칠 전, 몇 달 전의 메시지를 읽어본다. 그것만으로도 오늘 내가 해야 할 일, 앞으로 남은 시간 챙겨야 할 일에 대한 아이디어가 생긴다. 메시지 글은 보내는 순간, 그 역할이 끝나는 것이 아니라, 연말에 또 한 번 더 역할을 해주는 것이다. 이렇게 책 쓰는 글감까지 되기도 한다. 평상시, 메시지 글 쓰고 관리하는 데 노력하길 권한다. 메시지 글은 보건 업무가 빠지지 않도록 보조 역할을 단단히 해줄 것이다.

말로는 한계가 있다. 글로 소통해라

우리 가족은 주로 글로 소통한다. 가족 단톡방이 있다. 가족이 4명뿐이지만 각자 바쁘다 보니, 얼굴 보고 길게 이야기 나눌 시간이 넉넉하지 않다. 그래서, 자연스럽게 생각한 것이 단톡방이다. 요즘, 단톡방 하나, 둘 가지고 있지 않은 사람이 없다. 공동체를 구성하면 인원이 적든 많든 단톡방부터 만든다. 카톡 단톡방은 한방에 최대 3,000명까지 수용이 된다고 한다. 나는 필리핀 세부 교민의 단톡방을 아직도 유지하고 있다. 언제든 다시 세부를 방문할 수 있어서 그곳 정보와 상황이 필요하다. 간간이 올라오는 음식 홍보는 그곳의 향취를 다시 되새기게 한다. 세부 교민들의 음식은 거의 한국의 그 맛 이상이다. 식자재가 다양하고 풍부해서 그런지 같은 김치찌개라도 한국보다 더 맛난 곳이 많았다. 한국 사람들이 가장 좋아하는 삼겹살도 마찬가지. 그곳은 또 하나 좋은 것은, 종업원들이 고기를 직접 구워준다. 그냥 가서 먹기만 하면 된다. 몸이 피곤하고 굽는 것이 번거롭게 느껴지는 날이 있다. 그럴 때도 문제가 없다. 교민 단톡방은 항상 3,000명이 풀로 차서 들어가고 싶어도 못 들어간다. 1명이 빠지면 바로 1명이 채워진다. 우리 가족 단톡방에서는 비록 4명이지만 많은 이야기를 올려놓는다. 주로 일정 관련해서 올려놓는데, 가족 중 한 사람의 일정은 다른 가족에게 영향을 미치는 것이기에 꼭 올려두자고 가족 규칙처럼 되었다. 아직 아이들은 일정 올리는 것을 잘하지 못하지만 나와 남편은 꼭 올리려고 노력한다.

직장에서도 글로 소통한다. 4명의 가족 사이에서도 글로 소통하는데, 더 많은 사람이 모인 직장에서는 더욱 글 소통이 일반화되어 있다. 글쓰기에 있어서 더는 스스로 자신을 소외시켜서는 안 된다. 글쓰기는 이제, 피한다고 피할 수 있는 것이 아니다. 말로는 한계가 생길 수 있고 그 한계를 글로 보충한다. 어떤 일의 영역에서는 글이 중심이 되고 말이 글의 부족한 부분을 채워주기도 한다. 비중이 조금씩 달라지고 있다. 직장에서 글쓰기 시스템이 갖추어져 업무의 소통을 원활히 할 수 있어서 너무 다행스럽다.

〈미세먼지 담당자 2년마다 연수실시〉

안녕하세요~미세먼지 담당자 연수 관련 공문입니다.
분야별 담당자는 2년에 1회 연수를 실시해야 합니다.

미세먼지도 학교 내 건강과 관련 있어서
연수 및 점검을 해마다 보고하는데 연수, 점검만 챙겨두면
특별한 것은 없는 것 같습니다.

공람 공문 참고하여 주시고
쉬엄쉬엄 연수받으시고 연수 후 저에게 알려주세요.

미세먼지 관련해서는 학교마다 그 일을 맡은 부서가 다르다. 그 전 중학교에서 근무 설 때는 미세먼지 발생할 때 가장 빠르게 대응해야 하는 체육과에서 담당했었다. 운동장에서 체육수업을 하다가 미세먼지 발령이 내려지면 바로 교실로 이동시킬 수 있다. 또한 어떤 학교에서는 학생부에서, 어떤 학교에서는 교무부에서 담당한다. 전체를 총괄해서 안내하고 통제해야 할 특성이 있는 업무이기 때문에 평교사가 아닌 부장 교사가 맡는 학교도 있다. 학교 상황에 따라 적절히 업무분장을 해서 진행하고 있다. 나는 이 학교에서 미세 먼지 관련 업무를 담당하고 있다. 이 업무는 3부서의 협조로 이루어진다. 미세먼지가 발생했을 때, 학과과정을

조정해야 하는 교무부, 기계적인 부분으로 미세먼지 관리해야 하는 행정실 시설담당자, 그리고 전체적인 계획과 건강관리를 담당하는 보건, 이렇게 나누어서 일을 추진하고 있다. 하지만 학교마다 다르기에, 다른 곳에서 전입 온 교직원들이 이 학교의 업무분장에 적응하는 과정이 필요하고 그것에 대해서 거부하는 경우도 있을 수 있다. 그래서 조심스럽게 접근함이 필요한데, 그럴 때 말보다는 글이 좋다. 글로 상황설명을 조리 있게 할 수 있다. 미세먼지 관리 측면으로 각 영역의 담당자는 연수를 받아야 한다. 2년에 한 번씩 받게 되는데, 이런 안내를 글로 하면, 받는 입장에서 조용히 생각할 시간이 주어진다. 새롭게 전입해 온 학교의 분위기를 파악하는 시간이 될 수 있고, 또 자신이 업무를 맡아서 해야 할 부분이란 것을 인지하게 된다. 그래서, 상대방이 수용하기 싫어하는 업무일수록 이런 글로 먼저 부드러운 글로 전달하는 것을 하게 된다.

〈결핵검사 미검자 확인 요청〉

안녕하세요~ 선생님

2. 3학년 각 반별 결핵 검사 미검자의

보건소나 인근 병원의 검사 여부 확인해 주세요.

검사 완료 후, 나이스 보건-별도검사-결핵 검사에
검사일, 검사 기간, 입력하여 주시고
명단은 메시지로 보내주시길 바랍니다.
(확인서를 제출하여 주셔도 좋습니다.~)

좋은 하루 되세요.

학생들 결핵 검사는 학교에서 진행한다. 1학년은 병원 검진으로 시행되고 2, 3학년을 위해 검진 버스가 학교를 찾는다. 가정통신문을 통해서 미리, 이날은 되도록 결석을 하지 않게 지도해달라고 담임교사에게 협조를 구해놓는다. 그래도 사람의 일이란 알 수 없기에 당일, 결석하는 학생들이 발생한다. 학교에서 하는 검사는 모두 나이스에 입력해야 한다. 자세한 결과까지는 입력하지 않고 검진일과 검진 기관만을 입력한다. 나이스 입력은 담임교사의 담당이다. 검사 진행은 보건교사가 주체가 되어서 하지만, 최종 입력은 담임교사가 해서 담임교사가 좀 더 적극적으로 검사 진행에 협조해야 하는 구조이다. 이런 부분의 인지를 담임교사가 가지게 되면 좀 더 적극적으로 검사 진행에 협조를 할 수 있다. 미리 안내해서 최대한 검사 누락자가 없도록 담임교사가 어떤 역할을 해야 나중에 복잡해지지 않는다. 만약, 보건교사가 알아서 할 거로 생각한다면 결국, 나이스 입력에 착오가 생기게 될지도 모른다. 그래서 여러 번 메시지를 보낸다. 구체적으로 검사를 적극적으로 실시한 후 나이스 입력을 해야 한다는 것을 알려준다.

말로 소통하려면 실시간으로 그 사람과 함께 해야 한다. 하지만, 글로 메시지 쓰기를 한다면 꼭 함께하지 않아도 얼마든지 중요한 내용을 나눌 수 있다. 가정에서나 직장에서나 글은 이제, 우리의 중요한 소통 수단이다. 특히, 얼굴 보고 말하기 불편한 내용이나 상황, 사람일 경우에도 글이 유용하다. 가장 큰 이유는 바쁘기에 글을 사용하지만, 이런 다양한 이유로도 글은 우리에게 편안한 방법이 되는 것이다. 글쓰기에 익숙해지는데 시간 할애를 하길 바란다. 당신이 보건교사라면 이 부분 꼭 기억하길 바란다. 글쓰기에 부담을 줄이는 것이 보건 업무에 대한 부담을 줄이고 점점 더 편안하고 여유로운 보건교사가 되는 비법임을 강조 또, 강조하고 싶다.

메시지 글을 체계화해서
다음 해에도 참고해라

"어제 일도 가물거리는데 작년 일을 어떻게 기억하겠어?"

맞다. 지난해에 했던 일들을 구체적으로 기억하지 못한다. 그
것도 연중 한, 두 번 한 일을 다음 해가 되어 그 일을 다시 해야 할
때 다시 자료를 확인해야 한다. 나이와는 상관없이 인간은 망각
의 동물이기 때문에 어쩔 수 없는 부분이다. 보건 업무에서도 마
찬가지이다. 작년에 했던 굵직굵직한 일들은 어느 정도는 기억한
다. 3월에 제일 먼저 했던 요양호자 파악을 위한 건강조사서, 생
각 외로 손이 많이 갔던 각종 검사, 의무교육인 성교육과 심폐소

생술교육, 그리고 연말이면 했던 나이스 입력과 마감의 일들이다. 대략 그렇다. 좀 더 자세히 들어가면 까마귀고기를 먹었는지 잊어버린다. 그래서 일할 때마다 나이스 업무시스템의 작년 것을 확인한다. 다행인 것은 업무시스템에서는 2년 전 것까지 업무들을 확인할 수 있다. 해가 바뀌면 새로운 일들이 생기긴 하지만 기존에 했던 일들은 내가 기안한 것들을 확인해서 일을 할 수 있다. 너무나 다행스럽다. 하지만 나만의 비법, 나만의 노하우라고 할 수 있는 세세한 부분은 따로 기록을 해야 한다. 그렇게 매번 느꼈다. 우리가 하는 모든 일을 특별한 형식 없이 일기 쓰듯이 기록하더라도 요긴한 자료가 된다. 내가 전체 교직원들에게 보낸 메시지도 특별히, 해가 바뀐다고 크게 변화되지 않는다. 메시지 글의 서론, 결론에 해당하는 멘트를 조금씩 바꾸고 본론의 주 핵심 전달사항은 그대로 해서 다시 활용하면 된다. 메시지 글 하나 작성하는데 '10'의 에너지가 든다고 가정했을 때, 작년 메시지 내용을 재활용한다면 '5' 정도만 에너지를 사용해도 된다. 작년 메시지 자료가 업무의 수고스러움을 줄여준다.

　아침 보건실에 출근하면 나는 컴퓨터부터 켠다. 가방을 내려놓자마자 컴퓨터 전원이 켜지면 메신저를 확인한다. 교내 메신저는 컴퓨터를 켜면 자동 부팅이 되어 켜진다. 읽지 않은 메시지 개수가 여러 개 떠 있으면 무슨 메시지일까? 하는 마음으로 그것부터 열어본다. 교사들이 아주 부지런하다. 출근 시간보다 1시간 전부터 메시지를 작성한 사람도 있다. 여러 개의 메시지가 와 있으면 그날 해야 할 행사나 업무들이 많다는 의미이다. 하나하나 열어보면서 다시 확인해야 할 내용은 인쇄를 한다. 처음에는 출력까지 해야 하나 싶었지만, 업무를 빠뜨리는 것보다는 낫다는 결론에 이르렀다. 메시지 확인했다고 내가 해야 할 일이 끝난 것이 아니고 오히려 메시지 확인이 본격적인 일을 해야 할 시점이 되기도 한다. 대부분 메시지는 그런 메시지가 많다. 그 일만 해야 하는 것이 아니라 매일 루틴으로 해야 할 보건 일을 하면서 그 메시지에서 협조 요청한 일을 추가로 해야 하기에 항상 그날 해야 할 메시지의 일은 반드시 출력한다.

그러는 사이에 아침부터 아이들은 보건실 문을 노크한다. 아침 일찍 오는 아이들은 그 전날 몸이 안 좋았다거나 아침에 탈이 난 학생들이다. 보건실은 아이들에게 섬마을의 보건지소 같은 역할을 한다. "선생님, 어젯밤부터 배가 아팠어요. 엄마가 주시는 약을 먹었는데 그래도 아침에 계속 아파요." 이렇게 배가 아픈 학생들일 경우 처치 시간이 길어진다. 배가 아프다고 할 때, 문진의 시간이 길어진다. "어제저녁에 특별히 먹은 음식이 있니? 배, 어느 쪽이 아프니? 지금 가장 불편한 증상은 뭐니?" 다양한 질문으로 보건교사의 검진이 시작된다. 질문은 끝없이 이어지고 긴가민가 답은 더디다. 학생의 성향에 따라 바로바로 답을 하는 아이가 있는가 하면, 도통 감을 잡지 못하는 흐지부지 답도 있다. 이럴 때는 마음은 바쁘고 감정조절이 필요한 시점이다. 간혹 생각한다. '고등학생들도 이런데, 중학생, 초등학생은 어떨까? 어른이 아닌, 어린 학생들의 건강을 보살피는 보건 선생님이 대단하신 거다.'라고. 이렇게 에너지를 뺏기는 일이 많을수록, 스스로 에너지 소모를 줄이는 작업을 해야 한다. 그 방법의 하나로 해마다 자신의 자료를 잘 보관하고 업데이트시키는 것이다. 자료는 점점 체계적으로 정리해나가는 것이다.

〈학생 검사 결과 나이스 입력 안내〉

병원에서 실시한 1학년 건강검진 및 2, 3학년 각종 검사에 대한 나이스 입력 상태 확인해 주세요.입력 누락 때 아래 사항 참고하여 입력 완료해주시길 바랍니다.
마감 시 입력 누락 칸이 하나라도 있으면 마감이 되지 않으니 잘 확인해 주시길 바랄게요.

1학년
: 나이스-보건-항목별 등록-건강검진 (일괄등록 가능)

1. 건강검진 : 검진일: 7.7, 검진 기관 : S 병원

2. 구강검진 : 검진일 : 7.7, 검진 기관 : D의 원
3. 키, 몸무게 : PAPS에 먼저 입력한 후 보건-항목별 등록-신체 등록 탭에서 <PAPS 자료 불러오기> 탭 누르면 자동 입력됨.
(신체 능력도 마찬가지로 <PAPS 자료 불러오기> 눌러주세요)

　　12월이다. 항상 12월이면 한해도 무사히 잘 지나간 것을 자축하며 마무리 활동으로 들어간다. 가장 큰 일은 나이스 입력이 제대로 되었는지 확인하고 <마감> 버튼을 눌러 마무리를 하는 것이다. 주로 각종 검사한 것을 나이스에 입력하는데, 검사가 종료된 날 바로 입력할 사항을 담임교사에게 메시지로 보내 안내한다. 하지만, 담임교사는 바로 입력하면 가장 좋겠지만 바쁘고 잊어버리고 해서 바로 입력을 안 하는 반이 전체 담임교사 중 반 이상이다. 이런 상황이기에 연말에는 다시금, 입력할 사항을 찾아서 메시지 글을 수정 작성하여 안내하고 안내 후 며칠 후에 나이스 입력 상태를 확인하여 다시 <마감> 방법에 대한 안내메시지를 보낸다. 한꺼번에 마감 방법까지 안내할 수도 있지만, 하나하나 하는 것이 실행력이 더 좋다는 생각이다. 너무 많은 것을 한꺼번에 요구하면 부담을 느낄 수 있기에 나는 순차적으로 메시지를 보낸다. 보건 업무를 무리 없이 잘 마무리하기 위해서는 사람의 심리를 공부해야 한다고 생각해보기도 했다. 보건교사는 담임교사나 다른 교사들을 움직이게 해야 하기에 심리를 알아야 행동을 유발

하게 시킬 수 있다는 생각이다. 보건업 무상 황이 이렇기에 보건 교사는 여러모로 성장의 업무환경에 있는 것이다.

나이스 보건 마감을 위한 메시지를 보내기 전, 나는 작년 메시지들을 모아둔 파일을 찾아 열었다. 날짜는 기본으로 적혀있으니, 12월 날짜를 찾아 들어가니, 바로 나이스 마감 메시지를 찾을 수 있다. 이 메시지를 올해 메시지 파일에 그대로 복사해서 붙여넣기하고 작업을 한다. 검사기관은 거의 같으니, 날짜만 수정해서 메시지 하나를 금방 완성했다. 시간과 에너지를 벌고 일을 하게 된다. 점점, 보건 일은 체계화되고 쉬워진다. 며칠 뒤에 나이스의 보건에 들어가서 각반 입력상황을 한 번 더 확인하고 다음 단계의 메시지를 찾아, 다시 수정해서 안내하면 어느 정도 한해도 잘 마무리된다.

메시지 글은 무조건 모아두어야 한다. 모아두는 것부터 체계화의 시작이다. 내가 전체 교직원에게 보낸 메시지는 한해 한해 시간이 지날수록 업그레이드된다. 내가 쓴 메시지를 보면서 "요것은 너무 과한 표현인 듯하다.", "이 글은 나 자신을 낮춘 것 같다. 예의도 좋지만 의료 전문가로서의 당당한 자세를 취해서 더욱 믿음성 있는 글을 *써야겠다.*" 이런 생각을 하게 된다. 책을 쓰는 작가가 자신이 쓴 원고를 보면서 스스로 피드백 받고 다음 초고를 쓸 때 참고하듯이, 모아둔 메시지 내용을 보면서 스스로 피드백을 받는 것이다. 메시지는 길지 않고 짧다면 짧은 글이지만 보건교사는 그 글을 다른 교직원에게 보내기 때문에 조심스럽다. 그래서 메시지를 쓰고 보내기까지 시간이 많이 소요되고, 마지막까지 수정할 것이 없는지 읽어본다. 그런 에너지 소모를 줄이기 위해 내가 보낸 메시지를 잘 모아두길 강조한다. 모아둔 글들은 다음 해에 활용할 때, 수정할 것은 수정함으로써 좀 더 매끄러워진다. 점점 체계적인 관리가 이루어져서 보건 업무 하는데 시간을 벌고 일을 할 수 있다.

아차, 글 실수를 하더라도 핵심은 전달된다

———————

우리가 글을 써야 할 때, 부담스러워하는 이유가 있다. 그것은 다름 아닌, 실수 없이 글을 써내야 한다는 강박적인 생각을 무의식적으로 하기 때문이다. 왜 그런 생각을 가지게 되었는지 그 근원은 자세히 모른다. 글쓰기도 짧은 글이든 긴 글이든 연습이 필요하다. 그런데, 글쓰기만은 유독, 연습 없이 처음부터 잘 써야 한다고 생각하는 것이다. 쉽게 말해서 타고나야 할 영역이라고 단정한다. 하지만, 글쓰기도 연습으로 극복할 수 있다. 타고나지 않았더라도 연습으로 변화되는 영역이다. 실수하더라도 자꾸 쓰다 보면 확실히 성장이 있다. 영어를 잘하는 사람은 실수에 신경 쓰지 않고 외국인과 만나서도 영어로 말하기를 계속할 수 있는 사람이다. 실수를 통해서 조금씩 실력이 좋아진다. 결국, 실수가 훈련 방법일 수 있다. 글쓰기에도 영어 잘하는 사람의 방법이 필요하다. 글쓰기도 타고나는 것이 아니라는 점을 인정하고 글로도 내 마음을 계속 표현하는 연습을 해보는 것이다. 맞춤법이 좀 틀리면 어떤가? 맞춤법이 틀린다고 해서 내가 말하려는 내용이 전달 안 되는 것은 아니다. 읽는 사람은 틀린 맞춤법을 머리로 고쳐서 제대로 이해한다. 그런 염려가 글 쓰는 최대의 방해물이다. 글쓰기에 대한 이런 잘못된 고정관념을 벗어버려야 보건교사로서 일하는데도 수월하다. 왜냐하면 보건교사야말로 직장에서 글 쓸 일이 많기 때문이다. 매번, 잘 쓴 글로 소통해야 한다는 생각은 접어버리고, 소통을 목적으로 한 글쓰기를 한다고 생각해야겠다. 가끔 날아오는 작가 분위기 물씬 느껴지는 다른 교직원의 메신저 글을 보면서 더욱 위축될 필요는 없다. 그냥, 내가 말하듯이 글로 써서 핵심만 전달하고 소통만 하면 되는 것이다.

아들한테 전화가 왔는데, 목소리가 진지하다. 평상시 같지 않다. 무슨 일 있냐고 물어보니, 중학생 아들이 하는 이야기가 안경이 사라졌다는 것이다. 아들은 축구가 하고 싶다고 해서 얼마 전부터 축구클럽에 보내고 있다. 주중, 하루도 빠짐없이 하교해서 축구훈련을 받는다. 거의 2시간 30분 정도 맹훈련이다. 유명한 축구선수가 되고 싶다는 꿈을 품고 힘들어도 참고 축구에 매진한다고 한다. 평상시 안경을 쓰고 있는데, 버스에서 가방 안에 안경을 넣고 그 가방을 버스에 두고 내렸다가 축구연습이 끝나고 버스에 올라와서 확인했는데 안경이 사라졌다고 한다. 답답한 마음에 나는 코치한테 전화해서 너의 사정을 말씀드리라고 이야기했다. 아들은 그런 말을 하기가 왠지 싫다는 마음을 내비쳤다. 하지만, 아들이 사라진 안경에 대해서 말하지 않는다면 코치는 설사 버스에서 안경을 발견했더라도 누구 것인지 알지 못할 것이다. 물론, 버스에 탄 후 아이들에게 단체로 질문할 수도 있지만, 미리 알려주면 그런 수고스러움을 줄일 수 있다. 안경이 사라진 날, 늦은 시간이지만 그래도 간단히 메모를 남기라고 아들에게 말했다. 아들은 결국, 자신이 하기는 민망하다는 이야기로 나에게 대신 좀 메시지를 남겨달라는 부탁을 했다.

"코치님, 죄송하지만, 버스 안에서 안경 하나 발견하시면 말씀해주세요. 수홍이가 안경을 못 찾았는데, 혹시 해서 메시지 남겨둡니다."

별 내용은 없다. 그냥, 있는 상황과 원하는 것을 그대로 메시지로 보냈다. 다음날 이른 아침, 코치님은 바로 연락했다. "어머니, 안경 찾았습니다. 수홍이 오늘 오면 전달하겠습니다." 아주 간단한 메시지라도 소통이 된다. 거창하지 않아도 핵심만 전달되면 된다. 소통을 위한 메시지에서 글을 잘 쓰고 못 쓰고는 중요하지 않다. 글의 핵심을 상대방은 인지하는 것이다. 아이가 메시지를 보냈어도 코치님은 금방 알고, 안경을 찾아봤을 것이다. 소소한 물건일지라도 아이에게는 특별하고 소중한 물건이기 때문이다. 그런 과정을 통해서 아이는 글로 소통하는 법을 배우게 되고 또 다음에도 글쓰기를 활용할 것이다. 사실, 말보다 글이 좋을 때는 아주 많다. 이번 경우에도 해당한다. 아들은 자신의 물건인 안경을 살 챙겨야 했지만 잘 관리를 못 하고 잃어버려 여러 사람이 신경을 쓰게 만들었다. 그런 미안한 마음이 있어서 글로 했을 때, 조금 덜 민망할 수 있다. 글이란 미안하더라도 자신의 상황을 알려 잃어버린 소중한 물건을 찾는 방법임을 깨달았을 것이다. 다음 기회에는 아들이 글 실수해도 좋으니, 자신감을 가지고 메시지 글을 쓸 수 있기를 희망한다.

선생님~

휴직자도 잠복 결핵 검사를 6월 말까지 해야 한다고 합니다.
혹시 휴직자 연락처를 가지고 계시나요?

잠복 결핵 검사가 새롭게 시작되고 한동안 학교 현장에서 혼란이 있었다. 아직도 여전히 교직원이 하는 교직 생활 중 1회 검사는 체계적인 검사를 위해 수정하고 보완할 부분은 여전히 남아 있다. 해마다 하는 결핵 검사와 달리, 잠복 결핵 검사는 한 번만 하면 되는 검사이다. 개정한 법에서는 법이 생기기 전의 기존 교직원일 때 법 개정 후 1년 이내 검사 해야 하는 사항이 있어, 모든 교직원에게 안내해서 검사를 받도록 하고 있다. 연락을 하기 전에 휴직자 명단을 확보해야 했고 전화번호도 알아야 한다. 교직원 인적 사항 관리는 교무부에서 주로 하는 일이라 교무부에 일하는 선생님에게 메시지를 보냈다. 휴직자가 생각보다 많다. 8명한테 일일이 연락해서 메시지를 보내야 한다. 메시지 답변까지 확인해야 안심이 된다. 휴직자 중 한 사람은 베트남에서 거주한다고 한다. 휴직 중에 베트남에 있으니, 연락하기도 쉽지 않다. 나도 육아휴직하고 필리핀 세부에 아이들과 간 기억이 난다. 그곳에 있으면서 휴직 연장도 했었는데, 담당자의 처지에서는 필리핀에 있는 나에게 연락하고 서류 받고 하는 과정이 쉽지는 않았겠다는 생각과 함께, 고생했다는 마음이 들었다. 내가 비슷한 위치에 있고 보니, 그때의 일하시는 분의 고충을 이해하게 된다.

교직원들의 연락처를 파악하는데도 시간이 걸렸다. 교무부 담당 교사도 자주 바뀌고 휴직자 인원 변동이 있으니, 해마다 파악해야 하는데 힘든 부분인듯하다. 한두 명 빠진 명단을 받아서 전체 휴직자를 파악하는데 여러 번 메시지를 주고받았다. 그래도 일은 다 진행이 된다. 문제를 문제로 보지 못할 때가 진짜 문제이지, 문제를 파악하면 그때부터 그 문제는 해결되어 가는 중인 문제일 뿐이다. 한가지 업무를 위해서 여러분의 메시지가 오간다. 그동안, 메시지는 실수하고 안하고의 차원을 넘어섰다. 업무를 완성하기 위한 서로 간의 마음만이 남아 실수를 해도 크게 개의치 않는다. 영어가 생활의 수단이듯이 우린 메시지가 업무의 수단이 되는 것이다.

　업무상의 글을 쓸 때는 좀 실수가 있어도 상호 크게 신경을 쓰지 않는다. 가끔, 맞춤법 하나에 온 신경을 쓰는 경우가 있다. 그 맞춤법은 언제든 틀릴 수 있고, 틀리면 그때를 기회로 생각하고 배우고 익히면 된다. 하지만 그런 실수 하나로 자신의 모든 능력이 점수 매겨진다는 착각으로 맞춤법 때문에 글을 쓰고도 전달을 못 한다. 작은 것이 큰일을 못 하게 하는 것이다. 우린, 때론 크게 생각해야 한다. 세세한 부분도 놓치지 않으면 좋겠지만 큰 그림을 우선시하고 작은 것을 포기해야 할 때가 있다. 메시지 글을 쓰고 전달할 때도 이런 마음으로 해야 한다. 글의 흐름이나, 맞춤법,

기타 세세한 것까지 챙기느라고 좋은 메시지를 자유자재로 무기로 사용하지 못한다. 보건교사는 무엇이든지 메시지로 소통해야 한다. 메시지 소통이 자유로울 수 있도록 '실수도 때론 괜찮아'라는 생각으로 임해야겠다. 생각이 행동을 바꾼다. 실수도 연습의 과정으로 보고 메시지 글쓰기에 과감해지길 바란다.

메시지 쓰기를 불편해하지 말아라

처음 책을 쓸 때가 생각난다. '내가 감히 어떻게 책을 써내겠어?'라는 부정적인 마음, 두려운 마음이 있었다. 하지만, 그때의 상황에서는 뭔가 기존에 하지 않던 특별한 일을 해야 한다는 생각이 강했다. 모든 것이 뒤죽박죽, 새로운 판이 필요하다고 생각했다. 늦은 결혼으로 아이들은 어렸고 직장생활도 순탄하지 않았다. 관리자와의 갈등이 생겼다. 처음부터 그런 것은 아니었기에 마음의 상처는 회복할 수 없을 정도로 컸다. 배신당해서 헌신짝처럼 버려진 느낌이었다. 그 관리자는 자주, 보건실을 찾아 심신 불편감을 호소했었고 나는 진심으로 위하는 마음으로 처치를 해

주었다. 약을 잘 먹지 않는 성향이 있다고 해서 소화불량의 증상이 있을 때는 잘하지 못하는 마사지도 서슴없이 해주었다. 어깨를 주물러 주고 척추 하나하나를 마사지해주었다. 소화에 좋다고 해서 한방 지식은 없지만, 손을 여기저기 만져주기도 했다. 그런 마음이 한순간에 내팽개쳐진 상황을 경험하고 난 후 나는 직장생활에도 맘이 떠나는 것을 느꼈다. 그래서, 책 쓰기를 해봐야겠다고 생각했다. 아무리 책 쓰기가 힘들다고 하더라도 지금 상황보다는 나을 것 같았고 책을 쓰면서 지금의 힘듦을 극복하고 싶어졌다. 책 쓰기, 충분히 배우고 익히는 변화가 있을 것이라 여겼고 나도 책을 써내서 지금의 고통을 함께 극복하자고 생각했다. 지금도 그때 생각하면 나 자신이 신통하다. 힘듦을 극복하는 수단으로 책 쓰기를 생각했으니 말이다. 그렇게 시작한 책 쓰기, 나는 무조건 쉬운 방법을 찾아 글을 매일 썼다. 이가 없으면 잇몸을 사용한다고 했든가, 나는 내 글을 못 쓰니 남의 글이라도 쓰면서 조금씩 글쓰기에 대한 두려움을 극복할 수 있었다.

보건교사가 교내 메시지를 쓰면서 공통으로 말하는 애로사항이 있다. 그것은 메시지를 써놓고 바로 보내지 못하고 여러 번 확인한다는 것이다. 1년 차의 보건교사뿐 아니라 10년 차, 20년 차 보건교사도 마찬가지였다. 근무경력과는 상관없이 쓴 것을 바로 보내지 못한다. 그만큼, 글쓰기에 자신감이 없다는 이야기이다. 혹시, 너무 과격한 표현은 없는지, 도도한 느낌, 너무 일방적인 뉘앙스는 없는지 확인한다. 그리고 서술어를 쓰기가 어렵다는 것도 느낀다. 써놓은 서술어도 반복해서 체크한다. 사실, 말할 때도 그렇지만 메시지를 쓰다 보면 서술어 표현이 중요하다. 앞의 말보다 뒷말, 마지막 말에 의해서 느껴지는 감정이 달라지듯이, 글도 그렇다. 서술어를 어떻게 쓸 것인지, 메시지 내용은 뒷전이 될 때가 있다. 서술어를 계속 바꾸어가면서 교직원들의 마음에 마지막으로 남게 할 여운까지 신경을 쓴다.

글의 마지막에 남는 여운을 생각한 것은 쓰는 것이 일상이 되면서부터이다. 글을 자주 쓸수록 글로 표현되지 않는 부분의 중요성을 알게 된다. 우리가 대화할 때도 그 사람이 말하는 이면의 부분을 민감하게 받으려 한다. 말로 표현하지 못한 많은 부분이 그 말 뒤에는 숨겨져 있기 때문이다. 그 사람의 성격에 따라서 특히, 다르다. 아이들을 예를 들어도 아들은 약간 수다스러운 편이지만 진짜 부모가 알아야 할 이야기는 안 한다. 걱정할 것 같은 일, 친구 간의 갈등, 장래의 문제들, 얼핏얼핏 말하는 것을 종합해서 아들의 마음을 받아야 한다. 딸의 경우는 평상시 말을 수다스럽게 많이 하지 않지만 한마디 한마디는 자신이 결정한 부분을 이야기한다. 그 결정을 옆에서 도와주기만 하면 된다. 말을 어떤 용도로 사용하는지 그 성향에 따라 다른 것이다. 학교 교직원들의 성향도 다르고, 그 사람의 언어를 이해하도록 노력한다. 원활한 업무수행이 첫 번째 이유이다. 개인적인 친분이 생기기도 하지만 그렇다고 하더라도 일이 먼저고 개인 간의 소통은 그 이후가 된다. 말의 여운처럼 글에도 남는 여운이 있다. 그 여운 관리에 실패하면 타인의 행동을 유발하지 못한다. 사람이란 작은 것에 민감하고 갈대 같은 기분이 변화되기에 긍정적인 여운을 남길 수 있는 글이 필요함을 점점 알게 된다.

메시지 쓰기에 대한 두려움을 없애기 위해 자신만의 방법을 만들어 보자. 인생 첫 책을 쓸 때, 나는 남의 글을 쓰면서 글쓰기에 대한 두려움을 극복했다고 했다. 정신과에서 불안증, 두려움을 가진 사람에게 사용하는 치료법이 있다. 두려운 그 상황이나 그 물질에 환자를 자주 드러내서 몸이 덜 민감하게 반응하도록 하는 것이다. 그럼으로써 부정적인 감정을 점점 몰아내는 방법이다. 글쓰기에 대한 막연한 두려움도 이런 방법이 유효하다. 내 글 대신에 남의 글쓰기에 나 자신을 매일 노출시켜 글쓰기의 부담을 줄여간 것처럼, 메시지 쓰기에도 이 방법을 써보도록 하자. 원활한 메시지 쓰기의 목표는 책 쓰기보다는 쓰는 양이 훨씬 적지만 같은 방법으로 극복할 수 있다. 내 글 대신 남의 글을 쓰는 것이다. 남의 글쓰기는 책을 베껴 쓰는 것으로 독서의 효과도 함께 있다. 매일 쓰면 매일 읽게 되어, 독서 습관도 형성할 수 있다. 누군가는 이것을 "필사 독서법"이라고 한다. 남의 글을 씀으로써 독서 습관과 글쓰기 실력을 함께 잡을 수 있으니, 필사는 나 자신을 바꾸는데, 정말 좋은 방법이다. 보건 업무에서 점점 비중이 높아지는 메시지 글쓰기를 좀 더 쉽고 만만하게 하려면 몇 가지 더 제안해보고자 한다.

첫째, 부정적인 생각을 멈추고 기계적으로 쓰라.
마음이 행동과 직접적인 관련이 있다. 얼마 전 나는 《책 쓰기도 의식이 답이다》란 책을 출간했다. 책 쓰는 삶을 살아보니, 결국 마인드, 의식이 내 삶의 중심이었다. 평상시 꾸준히 의식 책을 읽음으로 인해, 이런 생각은 더욱 강해졌고 긍정적인 의식을 갖는 실천력을 높일 수 있었다. 그래서 나는 의식 책도 출간하게 되었고 그 책을 쓰고 나서 더욱 의식, 마음이 중요하단 생각을 더 가지게 되었다. 부정적인 생각을 잠재워야 긍정적인 생각이 들어선다. 부정적인 생각은 전혀 도움이 안 되기에 습관적으로 자신이 부정적인 생각들에 매여있는지 확인해야 한다. 그런 후에 안 좋은 생각들을 버리려고 노력해야겠다. 잘되지 않는다면 차라리 생각 대신 직접, 글쓰기를 해보자. 기계적으로 남의 글을 내 글처럼 자판으로 두드려 보는 것이다. 부정적인 생각이 사라지고 새로운 긍정적인 에너지가 내 의식과 삶에 자리를 잡게 된다. 그렇게 글쓰기를 하면서 천하에 도움이 되지 않는 부정적인 생각을 몰아낼 수 있다.

둘째, 모든 일상사를 글로 바꾸어 지면에 옮겨 적어보자.

책 쓰기를 하려면 글감이 찾아야 한다고 한다. 글감이란 바로, 사례인데, 나의 경험도 되고 남의 경험, 세상에 나온 모든 뉴스나 책들의 내용이 하나의 사례가 된다. 이런 사례는 내가 30살이면 30년의 양만큼 쌓여있고 40살이면 40년, 50살이면 50년 치의 글감이 나에게 글을 쓸 자원으로 쌓여있는 것이다. 하지만, 처음 글감을 찾으려 하면 글감이 전혀 느껴지지 않는다. 그것은 글감을 글감으로 보지 못하기 때문이다. 글을 쓸수록 글감은 더 잘 보인다. 어쩌면 글감은 처음부터 그 자리에 있는데, 우리가 의미를 부여함으로써 글감으로 변화되어 나에게 다가오는 것이다. 글로 써내지 못할 일상은 하나도 없다. 어떤 일상과 경험도 글로 변화시킬 수 있다고 본다. 이 연습은 짧은 메시지 쓰기뿐 아니라 삶을 바꾸는 성장의 비법임을 해보면 점점 깨닫게 된다. 글쓰기 연습용으로 내가 자주 추천하는 것이 있다. 인스타그램을 활용하여 자신의 일상을 사진 찍어 올리고 그것에 대한 한 줄 감상 글을 쓰는 것이다. 그럼, 일상은 나에게 글감이고 한 줄 감상 글은 내 마음을 글로 표현한 내 생각, 메시지가 되는 것이다. 이런 활동을 꾸준히 하면, 자신도 모르게 글 쓰는 능력이 좋아진다. 어떤 상황도 의미를 부여해서 자기 생각을 누구나 공감하는 글로 변화시킬 수가 있기 때문이다. 별것 아닌 것처럼 보이는 활동도 꾸준히 해서 그 시간의 양이 늘어나면 나를 변화시킨다.

셋째, 글쓰기 거창하게 생각하기 때문에 두렵다. 글쓰기는 별것 아닌 듯 생각하자.

글쓰기가 두렵지 않은 사람은 없다. 자라온 환경이 쓰지 않는 환경이었기에 당연하다. 나만 특별히 느끼는 감정이 아니다. 지금부터 환경을 바꾸면 된다. 글쓰기는 나의 무기가 됨을 인정하고 수시로 쓸 수 있는 환경을 만들자. 학교에서 하는 보건 업무 메시지도 길지 않는 메시지이지만 얼마든지 그것을 무기로 자유자재로 사용할 수가 있다. 글쓰기 거창하게 생각하지 말고 별일 아닌 일상처럼 먼저, 생각해보자.

글쓰기를 두렵다고 표현하는 것은 어쩌면 당연하다. 글쓰기가 익숙한 사람이 주변 지인 중에서 얼마나 되겠는가? 하지만 간혹 있다. 글이 말처럼 자유로운 사람. 오히려 글이 말보다 더 편하다는 사람. 그들의 생활을 자세히 들여다보면, 글을 수시로 쓴다. 수시로 쓰기 때문에 말과 같이 글이 편해진 것이다. 글쓰기가 특별한 일도 아니다. 말처럼 의사소통을 위해 사용하는 하나의 또 다른 방법일 뿐이다. 남의 말이 소통의 수단이라면 이런 사람은 말과 글, 2가지의 소통 방법이 있는 것이다. '나는 글쓰기가 두려워. 글쓰기 싫어!' 이렇게 생각하고 있는 사이에 글쓰기를 말하듯이 사용하는 사람은 점점 혁신적인 삶을 살게 된다. 글쓰기를 내 삶의 무기로 만들자. 아무렇지 않게 자유자재로 메시지 쓰기를 보건 업무의 강력한 역량으로 여기고 실천하자. 이때까지 글쓰기가 두려웠다면 나만의 방법으로 쓰는 환경을 만들어 보자고 결심한다면 결심한 대로 글쓰기는 분명히 좋아진다. 모든 것이 그렇다. 결심하기 전과 결심한 후는 천지 차이의 결과를 만든다. 결심한 시점이 모든 것을 변화시키는 지점이라고 믿는다. 보건 업무 중 메시지 쓰기, 이제 보건교사인 나에게 특별할 필요가 없는 평범한 일상사라고 말할 수 있는 시간이 하루빨리 다가오길 응원한다.

메시지 쓰기로 학교 건강 수준을 높여라

———————————

"엄마, 열이 나요. 병원에 가봐야 할 것 같아요." 중학생 아들이 핸드폰으로 메시지를 보냈다. 원래 학교에서는 핸드폰을 사용할 수가 없는데, 담임교사가 병원에 가봐야 할 것 같다고 핸드폰을 건넨 듯했다. 메시지를 받고 나는 바로 담임교사에게 전화했다.

"안녕하세요. 선생님, 수홍이가 열이 많이 나나요?" 담임교사는 아들의 상태를 나에게 자세히 설명했다. 다른 방법이 없다. 병원을 가야 할 상황이다. 학교에서 보건 업무를 하는 나는 바로 판단이 섰다. 하지만, 내가 갈 수도 없어서 담임교사에게 아이를 학교 옆 병원에 보내달라고 했다. 내가 학부모가 되어 보니 알겠다. 아이가 아프다고 부모에게 전화했을 때, 아주 큰 일이 아니더라도 부모로서 당황할 수밖에 없고 더군다나 직장에서 그런 전화를 받게 되면 난감해진다는 것을. 이전에는 부모가 학교에 오지 못하는 상황을 아이가 아파도 학교에 아이를 맡긴다고 생각을 했었는데, 부모는 그런 마음이 아니라는 것을 내가 그 상황이 되어 보니 알겠다. 가고 싶은 마음은 굴뚝같으나 갈 수 없는 처지가 있을 수 있다. 담임교사에게 미안하다는 말을 건네면서 집도 학교 근처이니 병원에 보내달라고 정중히 부탁했다. 한참 있다가 병원 진료를 마친 아이는 메시지를 보냈다. "엄마, 독감이래, 집에 가서 쉴게요. 몸이 휘청휘청해요." 아들 글의 표현을 봐도 아이가 힘들어하는 것이 느껴졌다. "그래, 조심해서 집에 들어가라. 오늘은 유튜브 보지 말고 바로 쉬어라." 아이는 집에 도착해서도 메시지를 보냈다. 나는 아들이 집에 잘 도착했음을 인지하고 그나마 불편한 마음을 조금 내려놓을 수 있었다.

〈학교내 비치한 건강관리용 의료기 안내〉

안녕하세요. 선생님.

"교사들이 건강해야 학교도 건강해진다."

건강이 뭐니 뭐니 해도 가장 중요합니다.
특히, 학교 선생님들의 건강은
아무리 강조해도 과하지 않습니다.

얼마 전에 스스로 건강관리 하실 수 있는
"자동 전자동 혈압계"를 구매했습니다.

비치 장소는 개인 프라이버시를 지키면서도
자유롭게 측정하실 수 있는 곳, 2층 식당 옆,
"교직원 회의실"에 두었습니다. (비번: 321478*)

식사하시고 한 두 번 혈압측정
해보시길 권해드립니다.
그리고 "체성분 분석기"도 구매해 보건실에 설치해두었으니
가끔, 측정하러 오셔도 좋을 것 같습니다.

건강은 건강할 때 지켜야 한다는 사실,
다시 한번 강조해 보네요.^^

*참고사항 : 식후 혈압측정은 식사로 인해
 혈압이 조금 높게 측정될 수 있습니다.

　교육청에서 학교 건강 유지 및 증진을 위해 5백만 원을 지원했
다. 지원금 신청을 한 학교를 공문으로 확인해 보니, 고등학교는

우리 학교밖에 없었다. 총지원학교 수는 20학교가 안 되었다. 100개에 달하는 학교 중에서 적은 수의 학교이다. 신청할 때 지원금을 어떻게 사용할 것인지 계획서를 제출해야 했다. 또한 지원받은 돈은 어떻게 잘 사용하였는지 나중에 결과 보고도 해야 한다. 번거롭다고 생각하면 번거로운 일이기에 신청하지 않은 것 같다. 하지만, 사실, 그런 과정은 그렇게 어렵지는 않다. 해보지 않았기 때문에 어렵게 느껴질 뿐이다. 글로써는 계획서와 결과보고서이니 부담스럽게 느껴졌을 것이다. 글쓰기에 자신 없다고 생각하면 글쓰기라고 할 것도 없는 영역까지 부담된다. 다음에 이런 기회가 있으면 꼭 신청해서 학교에 필요한 건강관리 의료용품을 구매하면 좋다. 나는 지원금으로 교직원들의 건강을 관리를 위한 체성분분석기와 전자동 혈압계, 자동심장충격기를 구매했다.

체성분 분석기 구매에 작은 에피소드가 있었다. 학교에서 필요한 물품을 살 때는 주로 "나라 장터"를 이용할 것을 권한다. 하지만 나라 장터에 없는 물건일 경우 고민을 하게 된다. 보건실에 체성분 분석기가 있지만 이미 오래전에 고장이 나서 자리만 차지하고 있었다. 기존에 있던 체성분 분석기 회사를 찾아 확인해서 견적서를 받았다. 기존 물건이 있어서 100만 원가량 할인해준다고 한다. 하지만, 담당 부서에서는 원칙대로 나라 장터의 물건을 구매해야 한다고 했다. 나는 생각했다. "50만 원도 아니고 100만 원의 차이가 나는데 그 돈을 그냥 버려야 하나?" 그래서 지역교육청에 문의 전화를 했다. " 비슷한 물건인데 나라 장터에서 100만 원이나 더 비싼데, 그래도 나라장터에서 구매를 해야 하나?" 교육청 담당자의 답변은 다음과 같았다. "관리자와 상의해서 학교 회계에 도움이 되는 방향으로 결정하여 구매하면 된다." 아주 간단한 답변이었다. 상식은 모든 원칙에 통한다. 그렇게 해서, 관리자 2분과 상의해서 결국 저렴한 체성분 분석기를 구매했다. 상급기관인 교육청에 질문해서 알아보길 잘했다. 100만 원가량 절약된 돈으로 전자동 혈압계까지 구매했다. 전자동 혈압계는 교직원들이 편하게 측정할 수 있는 곳으로 정해서 비치했다. 전자동 혈압계를 구매한 후 자신이 혈압이 높은 것을 모르다가 새롭게 발견하여 항고혈압제를 복용하기 시작했다는 교직원도 있었다.

지원금으로 올해, 유효기간이 만료되는 자동심장충격기도 구매했다. 보통, 유효기간은 제조일로부터 10년이다. 기계이기 때문에 유효기간이 없을 것이란 생각을 할 수 있는데, 아니다. 생명을 구하는 자동심장충격기의 유효기간을 주기적으로 체크해서 만일의 사태를 대비해야 한다. 만약, 심정지 응급상황이 발생했고 유효기간 지난 자동 심장 충격기를 사용했는데 만약에 환자가 돌아올 수 없는 강을 건넜다면, 이 유효기간이 문제가 될 수도 있다. 다행히 살아나면 별문제가 없지만, 그 반대인 상황도 보건교사는 미리 생각해야 한다. 그것이 의료인의 사고방식이다. 그래서 이번에 구매하려고 했다. 학교 예산을 편성해두었으나, 생각지도 않게 지원금을 받게 되어 학교지출을 줄일 수 있었다. 이런 자세한 이야기까지 메시지로 보낼 필요는 없지만, 어찌하였든 메시지를 통해서 건강 유지와 증진을 위해 건강 도구를 사용할 수 있음을 알려주었다.

　메시지도 교직원에게 어떤 혜택을 주는 메시지는 기분 좋게 보낸다. 메시지 내용에 따라 보내면서도 마음의 무게가 달라진다. 건강을 지키기 위한 도구를 구매했고 스스로 건강관리 하기를 권한다는 글의 메시지 내용은 기분이 좋게 보내고 읽는 사람도 기분이 좋아진다. 위의 메시지를 받고, "와! 감사합니다."라는 답변을 준 교직원도 있었다. 이 교직원은 전자동 혈압계를 아주 필요로 하는 분이란 것을 추측할 수 있다. 하지만 답변을 주지 않은 교직원 대부분도 같은 마음일 것이다. 혈압과 관계없이, 식후나 여유시간 있을 때, 한 번쯤 혈압을 측정하러 갈 것이다. 메시지를 보낼 때, 내용에 따라서 보내는 시기를 고려해서 보내면 좋다. 교사들이 가장 바쁜 시기 즉, 시험문제를 출제하는 기간이나 연말에 나이스 입력을 하는 시기에는 가급적 협조를 구하는 메시지글은 자제하는 것이 좋다. 바쁠 때, 별것 아닌 것처럼 느껴지는 메시지가 자주 올라온다면, 읽는 것도 에너지 소모이니 부정적인 감정이 올라올 수 있다. 무엇이든지 마찬가지이겠지만 보건 업무는 특히, 타이밍이 중요하고 적절한 타이밍을 활용하는 지혜가 필요하다. 타이밍을 참고해서 적절히 메시지를 보내는 것이 중요하다.

보건교사는 교내 메시지 쓰기로 학교 건강 수준을 좀 더 높일 수 있다. 메시지를 원활하게 사용하면 학교 건강관리를 더 잘 할 수 있다고 판단한다. 학교 구성원인 학생, 교직원, 학부모를 대상으로 건강관리를 위해 가장 쉬우면서도 체계적인 관리가 가능해서 효과도 높은 것이 바로 메시지 전송이다. 감염병이 창궐할 때도 메시지로 감염병의 상황, 학교 내 감염병 학생 수, 감염병예방법, 특별히 유의해야 할 증상들, 기타 등 다양한 내용을 메시지로 보냈다. 학생과 학부모에게는 핸드폰 문자메시지로 직접 보내고, 학교 교직원들에게는 교내 메신저를 활용해서 주로 보낸다. 그것도 주기적이고 반복적으로 메시지를 써서 보냈다. 이제는 글로 건강을 관리할 시대이다. 말로 소통하는 방식에서 이제 글로 소통해서 건강관리도 해야 할 시대가 된 것이다. 어쩌면 반복적인 관리에 있어서는 얼굴 보고 하는 말보다는 글이 더 탁월한 방식이다. 좋은 말도 한두 번 하면 질리는데, 병에 관련된 내용인데 관심 있는 사람들은 반복해서 읽으면 되고, 크게 개의치 않고 싶은 사람이라면 거의 통과해도 된다. 메시지를 읽고 안 읽고는 본인의 선택이다. 메시지 글 자체가 타인을 존중하는 방법이다. 본인에게 선택의 자율성을 주면서 자유롭게 필요한 정보를 얻어 건강관리 할 수 있게 해서 강압적이지 않다. 보건교사도 필요하다면, 수시로 메시지 글을 보내 건강관리할 수 있다. 학생, 교직원, 학부모들이 좀 더 건강하게 생활할 수 있도록 보건교사는 이제, 메시지 쓰기에 강해져야겠다. 보건교사의 교내 메시지 글쓰기가 수월해질수록 학교 건강 수준은 상승한다는 사실, 보건교사라면 기억하길 바란다.

보건교사 메시지

초판 1쇄 발행 | 2025년 4월 17일

지은이 | 나애정
펴낸이 | 김지연
펴낸곳 | 생각의빛

외주편집 | 김주섭

출판등록 | 2018년 8월 6일 제 406-2018-000094호

ISBN | 979-11-6814-108-7 (03190)

원고 투고 | sangkac@nate.com
블로그 | blog.naver.com/sangkac

* 값 19,900원